Irmtraud Beyer

Ökologie

Biologie-Abitur-Leistungskurs

Übungsheft

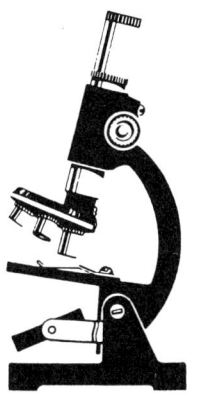

LERNHILFEN
FÜR SCHLAUE
FÜCHSE

Herausgeber: Hermann-Dietrich Hornschuh

Für Karl-Heinz
und Kerstin

CIP-Titelaufnahme der Deutschen Bibliothek

Beyer, Irmtraud:
Ökologie: Biologie-Abitur-Leistungskurs / Irmtraud Beyer. – München: Manz
 (Lernhilfen für schlaue Füchse)
Übungsh. – 1989
  ISBN 3-7863-0436-X

Manzbuch 436

8 7 6 5 4 3 2 1   1992 91 90 89
(Die jeweils letzte Zahl bezeichnet die Auflage bzw. das Erscheinungsjahr)

© 1989 by Manz Verlag, München. Alle Rechte vorbehalten.
Umschlagentwurf: Zembsch' Werkstatt, München
Gesamtherstellung: Verlag und Druckerei G. J. Manz AG, München/Dillingen
Printed in Germany

ISBN 3-7863-0436-X

Inhaltsverzeichnis

I. Teil **Einführung** 1
    A. Aktuelle oder alte Probleme?
    B. Was ist Ökologie?

II. Teil **Stoffwechselvorgänge und ihre Abhängigkeit von Umweltfaktoren** . . . 3
    A. Zusammenhänge
    B. Grundbausteine der Organismen und wichtige Stoffwechselprozesse
    C. Eingriffe von Umweltfaktoren auf molekularer Ebene

III. Teil **Wirkung abiotischer Umweltfaktoren auf den Organismus** 14
    A. Wasser
    B. Licht
    C. Temperatur
    D. Boden
    E. Weitere abiotische Faktoren und deren Zusammenwirken

IV. Teil **Wirkung biotischer Faktoren auf den Organismus** 31
    A. Beispiel Feldhase
    B. Intraspezifische Beziehungen
    C. Interspezifische Beziehungen
    D. Anpassungsmechanismen beim Parasitismus
    E. Die ökologische Nische

V. Teil **Populationsökologie** 44
    A. Allgemeine Regulationsmechanismen und Regelmodelle
    B. Regulation der Populationsdichte
    C. Mathematische Grundlagen

VI. Teil **Ökosysteme** 52
    A. Aufbau eines Ökosystems
    B. Nahrungsketten, Nahrungsnetze und ökologische Pyramiden
    C. Der Energiefluß und die Stoffkreisläufe
    D. Beispiele für Ökosysteme
    E. Der Mensch als Umweltfaktor

Glossar/Index 72

Literaturverzeichnis 84

Aufgabensammlung 85

Register 94

I. Teil: Einführung

A. Aktuelle oder alte Probleme?

(1) *Texte*

Text 1: „Wird die Nordsee zur Mordsee?"

Robben, die auf Helgoland gefangen wurden, sind mit hohen Mengen von Umweltgiften verseucht, vor allem mit dem Insektenkiller DDT und dem Kunststoff-Weichmacher PCB. In einer Studie der Helgoländer Vogelwarte und der Staatlichen Chemischen Untersuchungsanstalt Bremen, fanden die Forscher auch bei diesen Tieren, die weitab vom Festland leben, alarmierende Werte: „Die Konzentrationen der Schadstoffe überstiegen die bei Lebensmitteln zulässigen Höchstwerte um das Zehn- bis Hundertfache."

Text 2: Die Rodung der Bergwälder

Der gesamte humusreiche, saftige Boden von den höher gelegenen Ländereien gleitet unaufhörlich abwärts und verschwindet in der Tiefe. Nur das nackte Gerippe des Gebirges, dem Skelett eines Kranken gleichend, ist übrig geblieben. Der kärgliche Boden des vegetationsarmen Landes kann die jährlichen Niederschläge nicht mehr aufnehmen, sie fließen rasch in das Meer, so daß die Quellen und Bäche versiegen.
Früher hatten die Berge bis hoch hinauf Wälder und darüber hinaus gab es Ackerterrassen, zahlreiche Obstbäume der verschiedenen Arten und unbegrenztes Weideland für die Herden. Heute gibt es viele Berge, die nach ihrer Entwaldung nur noch die Imkerei ermöglichen. Auch fertigte man das Dachgebälk der großen Häuser aus den gesunden Baumstämmen der Bergwälder.

Text 3: „Erst die Robben und dann wir?"

Ein ganzer Robbenjahrgang verendet im Mai im dänischen Kattegat; die Babyrobben kommen etwa zwei Monate zu früh zur Welt und sind nicht lebensfähig, da ihr Sauginstinkt noch nicht entwickelt ist und die Muttertiere noch keine Milch haben. Eine Erklärung für das Robbensterben kennen die Biologen nicht, da die Robben wohlgenährt und offensichtlich von keinem Virus befallen sind. Befürchtet wird eher ein Zusammenhang zwischen dem Robbentod und der Vergiftung der Ostsee durch Umweltgifte wie PCB und DDT. Die Robben befinden sich ebenso wie der Mensch am Ende der Nahrungskette. ***
Wenige Wochen später werden nicht nur die Menschen an der Nord- und Ostsee aufgeschreckt: zahlreiche, auch erwachsene Robben in der Nordsee verenden in der Nähe von Sylt, offensichtlich weil ihr Immunsystem geschwächt ist. Herpes-Viren oder Lungenwürmer erzeugen eine epidemieartig um sich greifende Lungenentzündung; ein Zehntel des geschätzten Bestandes einer ganzen Region ist bereits wenige Wochen nach dem Auftreten der ersten toten Tiere ausgerottet. ***
Neben dem Seehundsterben bedroht beispiellose Algenpest den Fisch- und Muschelbestand: durch eine explosionsartige Vermehrung hat eine Art der Geißeltierchen (die plötzlich nicht mehr zu den üblichen, um diese Zeit blühenden aber harmlosen Algen gehört) einen tödlichen Algenteppich gebildet. Von der Ostsee über das Kattegat bis zum westlichen Teil der Südküsten Norwegens wird „praktisch alles Leben ausgelöscht". Ob die „Killeralge" einen Giftstoff produziert, der auf so unterschiedliche Tiere wie Fische, Muscheln und Seesterne gleichermaßen wirkt oder ob sie sich an den Tieren verankert und sie erstickt, ist noch ungeklärt.

> **Text 4:** „Rätsel um Vogelsterben im Wattenmeer gelöst"
>
> Das rätselhafte Vogelsterben, dem in den vergangenen Tagen im Wattenmeer über 10 000 Tiere zum Opfer fielen, ist auch auf Vergiftungen zurückzuführen. Die toxikologische Untersuchung toter Austernfischer hat hohe Werte des Umweltgiftes PCB ergeben (etwa 24mal höherer Wert als normal). Diese chlorierten Kohlenwasserstoffe gelangen über die Nahrung in den menschlichen und tierischen Organismus und lagern sich im Fett an. Das Gift wurde nun wegen der natürlichen Hungerperiode der Tiere freigesetzt als die geschwächten Körper die Fettreserven mobilisierten. Nach ersten Untersuchungen wurde zunächst angenommen, die Tiere seien verhungert. Die Kadaver wogen statt 560 nur durchschnittlich 350 Gramm. Da das sog. Hungergewicht der Vögel aber noch deutlich darunter liegt, wurden sie toxikologisch untersucht. Allein in der niederländischen Osterschelde waren etwa 4000 dieser taubengroßen und als besonders robust geltenden Strandvögel verendet. Viele Tausend tote Vögel wurden auch vor den ostfriesischen Inseln, vor allem auf Wangerooge und in der Elbmündung gefunden. Ein solches Massensterben von Strandvögeln ist in der Bundesrepublik zuvor nicht beobachtet worden. Derzeit überwintern im gesamten Wattenmeer rund 300 000 Vögel, die Hälfte davon sind Austernfischer.

(2) *Aufgaben*

    a) Welcher komplexe Sachverhalt wird mit diesen Texten umrissen?
    b) Ermitteln Sie, aus welcher Zeit die Texte stammen!
    c) Definieren Sie die Begriffe **Ökologie** und **Umweltschutz** und erläutern Sie die Unterschiede anhand der vorliegenden Texte!

B. Was ist Ökologie?

(1) *Umweltfaktoren und ihre Klassifizierung*

    a) Beispiel Wasserfrosch
    Der Wasserfrosch gehört zu den (schwanzlosen) Froschlurchen, bewohnt stehende und langsam fließende Gewässer mit dichtem Pflanzenbewuchs. Oft ragen nur die Augen und die verschließbaren Nasenlöcher über die Wasseroberfläche. Durch seine Schutzfärbung ist das Tier zwischen Wasser- und Uferpflanzen gut getarnt, so daß seine Feinde (Storch, Reiher, Ringelnatter, Hecht, kleine Raubsäugetiere) ihn nur schwer erkennen. Außerdem taucht er bei Gefahr blitzschnell unter oder rettet sich durch einen Sprung ins Wasser. Das laute Aufklatschen wirkt als Fluchtsignal für andere Frösche, die sich ebenfalls im Schlammgrund in Sicherheit bringen. Die Überwinterung erfolgt im Schlamm (Winterstarre); im Frühjahr abgelegter Laich entwickelt sich im Wasser der Schilfzone bis zum Juni über die „Kaulquappen"-Stadien zum Frosch; zahlreiche Laichballen und Kaulquappen werden von den verschiedenen Wasserbewohnern verzehrt. Der Wasserfrosch ernährt sich selbst bevorzugt von Insekten, Spinnen, Würmern, Schnecken, Frosch- und Fischlaich. Er nimmt die Beute jedoch nur wahr, wenn sie sich bewegt. Da seine drüsenreiche und

nackte Haut in einer trockenen Umgebung rasch Wasser verliert, ist sein Gesamtbestand letztendlich auch von Klimaveränderungen, die zum Austrocknen von Gewässern und verändertem Pflanzenwuchs führen, bedroht.

b) Aufgaben
Klären Sie anhand des Beispiels, welche Faktoren die Umwelt eines Organismus bestimmen und ermitteln Sie, wie das allgemeine Schema aus Abb. 1 auf diese Strukturierung anzuwenden ist!

(2) *Grundbegriffe und Wissenschaftsgebiete der Ökologie*

a) Klären Sie die folgenden Begriffe und setzen Sie sie in Bezug zu den Einführungsbeispielen: Biosphäre, Ökosystem, Biotop, Biozönose, Population, Standort (Habitat), Organismus, abiotische Faktoren, biotische Faktoren!

b) In welcher Beziehung stehen die folgenden Wissenschaftsgebiete zu den oben genannten Begriffen und Beispielen: Autökologie, Demökologie, Synökologie, Ökologie?

Abb. 1 Umweltbeziehungen eines Individuums (nach ALTENKIRCH, 1977, p. 49)

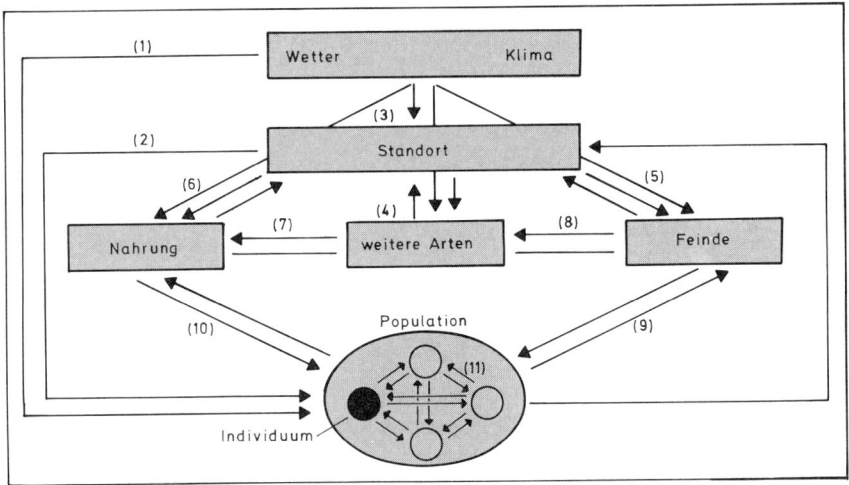

II. Teil: Stoffwechselvorgänge und ihre Abhängigkeit von Umweltfaktoren

A. Zusammenhänge

Tiere und Pflanzen stehen in einer gegenseitigen Abhängigkeit, die durch Abb. 2 nur unvollständig verdeutlicht wird. Ergänzen Sie die fehlenden Bezeichnungen (a–d) und ermitteln Sie, welche Stoffwechselprozesse zur Erhaltung des einzelnen Organismus bzw. welche zur Erhaltung des Kreisprozesses notwendig sind (A–D)!

B. Grundbausteine der Organismen und wichtige Stoffwechselprozesse

(1) *Pflanzenaufbau*

a) Abb. 3 zeigt ein vereinfachtes Schema zum Aufbau einer höheren Pflanze. Beschriften Sie die Abbildung und ermitteln Sie, wie die einzelnen Organe aufgebaut sind bzw. welche wesentlichen Funktionen diese Organe haben!

b) Wiederholen Sie, welche Unterschiede zwischen pflanzlichen und tierischen Zellen existieren!

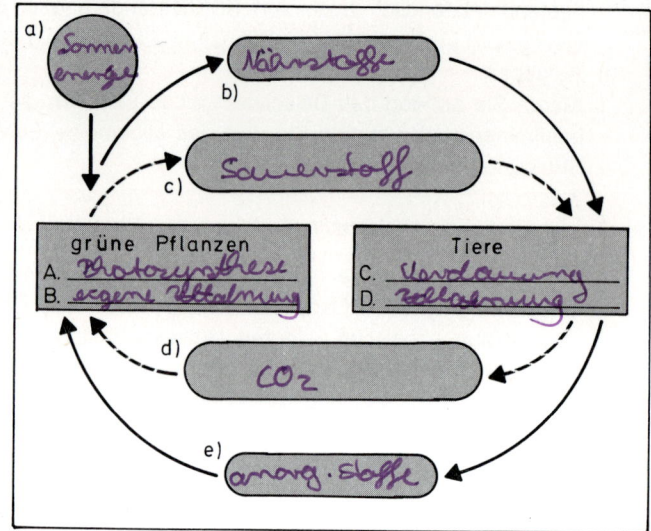

Abb. 2 Zusammenhänge
a) Sonnenenergie
b) Nährstoffe
c) Sauerstoff
   grüne Pflanzen — A. Photosynthese B. eigene Zellatmung
   Tiere — C. Verdauung D. Zellatmung
d) CO₂
e) anorg. Stoffe

(2) *Autotrophe Ernährung*

a) Vereinfacht besagt die Photosynthesegrundgleichung, daß in diesem Prozeß aus den anorganischen Bestandteilen Kohlendioxid und Wasser unter Lichteinwirkung an den Chloroplasten die organische Substanz Glukose (die sich zu Stärke umbauen läßt) und freier Sauerstoff gebildet wird. Die Farbstoffmoleküle, die dies leisten, sind Chlorophylle mit Hilfspigmenten (z. B. Carotinoide), die in den Chloroplasten lokalisiert sind (vgl. hierzu Abb. 4 und Übungsheft Cytologie und Stoffwechselphysiologie). Nach der Art der Energieversorgung nennt man die grüne Pflanze phototroph, da der Energiebedarf durch die Aufnahme von Lichtenergie, die die Pflanze dann in chemische Energie umwandelt, gedeckt wird. Da die Pflanze außerdem in der Lage ist, sich durch die Verwendung anorganischer Verbindungen ihre körpereigenen organischen Moleküle selbst herzustellen, nennt man sie autotroph. Zusammengezogen ergibt sich also die Bezeichnung photoautotroph. Der tierische Organismus ist hingegen heterotroph, da er auf die Aufnahme körperfremder, organischer Substanzen angewiesen ist. Erläutern Sie hierzu Abb. 4!

b) Ermitteln Sie, warum heterotrophe Organismen zu einer Abnahme an organischem Material beitragen und warum nur grüne Pflanzen in der Lage sind, die „Biomasse" zu erhöhen!

c) Begründen Sie hieraus, warum die Photosynthese qualitativ und quantitativ als der ökologisch wichtigste biochemische Prozeß charakterisiert wird!

Abb. 3 Pflanzenaufbau
a) Schema einer Blütenpflanze b) Stengelquerschnitt (Übersicht) c) Stengelquerschnitt (Feinbau) d) Der innere Aufbau eines Blattes (von unten gesehen) (b–d nach LINDER, 1971, p. 59/67)

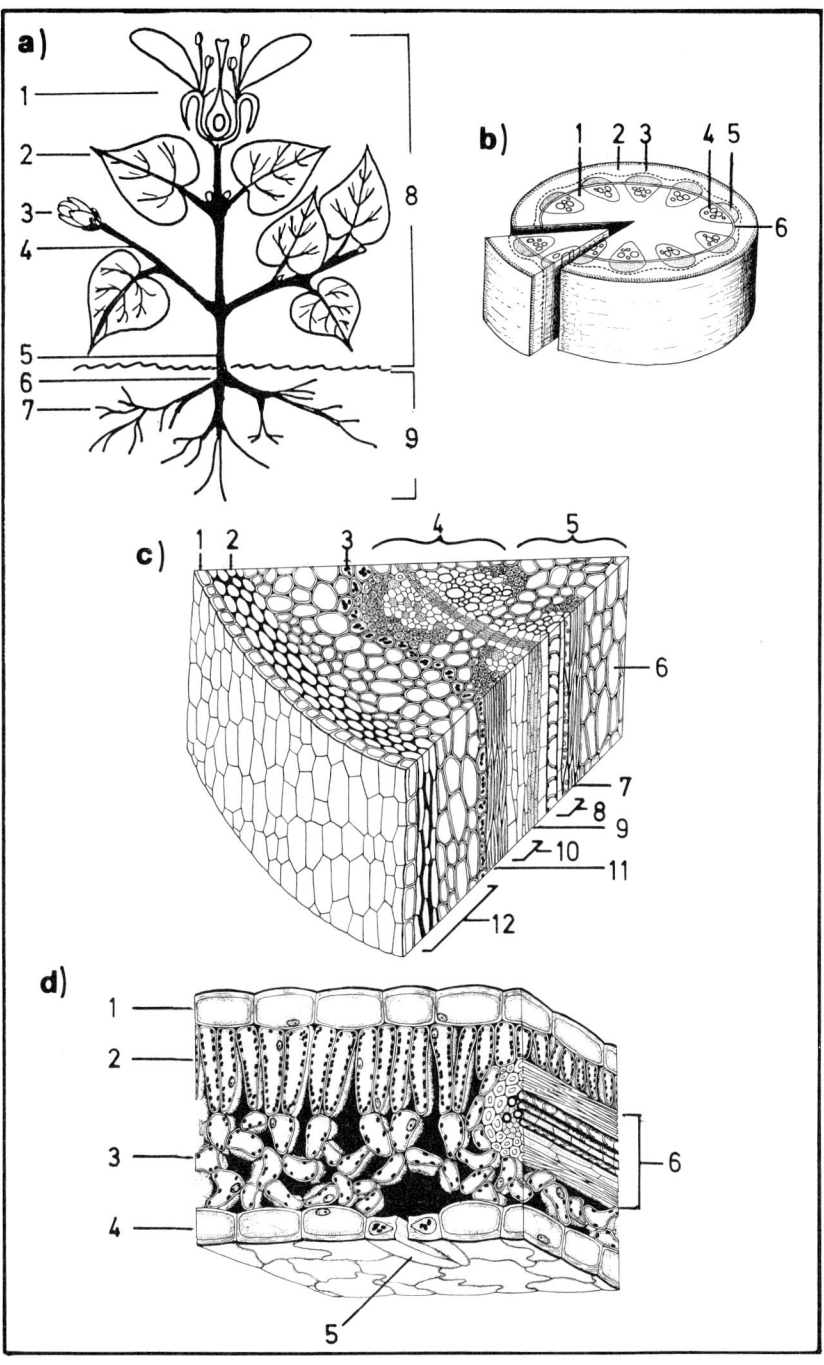

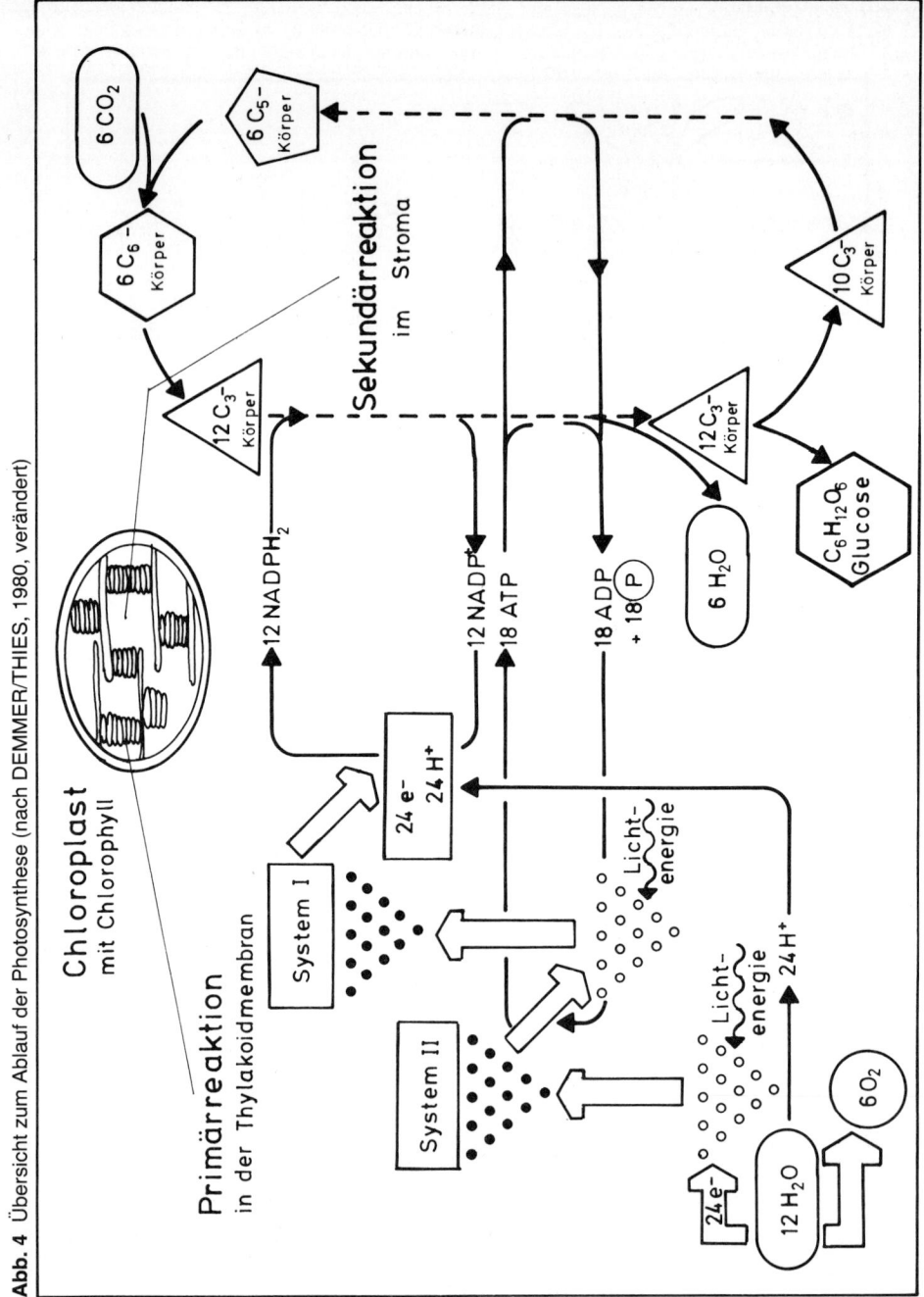

Abb. 4 Übersicht zum Ablauf der Photosynthese (nach DEMMER/THIES, 1980, verändert)

d) **Halobakterien** leben an extremen Salzstandorten (z. B. in den großen Salzseen Amerikas oder im toten Meer). Sie decken normalerweise ihren Energiebedarf durch die Aufnahme und den Abbau der Proteine, die abgestorbene Organismen im Salzsee liefern. Sie besitzen aber ein in die Membran integriertes Chromoprotein (Bakterienrhodopsin), das sie dazu befähigt bei Sauerstoff- oder Substratmangel Lichtenergie zu absorbieren. Diese „lichtgetriebene Protonenpumpe" schleust dabei H⁺ nach außen, d. h. angeregt durch die Aufnahme der Lichtenergie durchläuft das Bakterienrhodopsin ca. 200mal pro Sekunde einen Photozyklus, in dessen Verlauf jeweils ein Proton aus dem Zellinnern in das Außenmedium gebracht wird. Die Pumpe baut also einen Konzentrationsgradienten über der Zellmembran auf, der bei seinem Ausgleich die gewonnene elektrochemische Energie in die biologisch nutzbare Form ATP umsetzt. Dieser lichtabhängige Aufbau des ATP verläuft demnach ohne eine Elektronentransportkette. Erläutern Sie auch anhand der Abb. 5, wie sich diese Art der Photosynthese von der in Abb. 4 gezeigten unterscheidet! Kann man die Halobakterien als autotrophe Organismen bezeichnen?

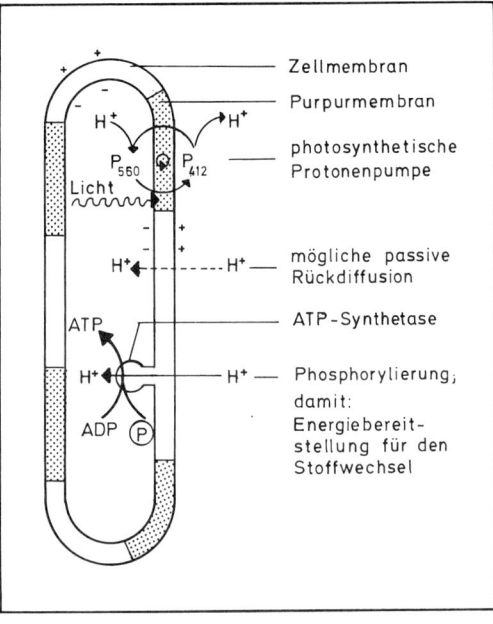

Abb. 5 Die Photosynthese der Halobakterien (nach MOHR, 1978, p. 137; verändert)

e) Während die grünen Pflanzen und einige farbstoffhaltige Bakterien die Energie zur Reduktion des CO_2 aus dem Sonnenlicht gewinnen, können verschiedene farblose Bakterien lichtunabhängige, energieliefernde Umsetzungen dazu benutzen. Die dann als **Chemosynthese** bezeichneten Vorgänge beziehen aus der Oxidation anorganischer Substanzen wie z. B. des Schwefels, des Stickstoffs oder des Eisens die Energie zum ATP-Aufbau. Vergleichen Sie anhand der folgenden Tabelle die Chemo- und Photosynthese!

(3) *Aufbau tierischer Organismen*

Da die wesentlichen Funktionskreise der Ökologie durch Nahrungsbeziehungen gekennzeichnet sind, soll im folgenden der Aufbau des tierischen Organismus nur kurz hinsichtlich der Nahrungsverdauung betrachtet werden, so daß dann anschließend die molekularbiologischen Vorgänge des endgültigen Abbaus der Nahrungsbestandteile untersucht werden können. In den Nahrungsbeziehungen der Organismen untereinander unterscheidet man drei große Gruppen – sofern es sich nicht um Parasiten handelt, die in einem eigenen Kapitel untersucht werden (siehe Teil IV, Abschnitt D): Pflanzenfresser,

Tabelle 1 (nach HOFF/MIRAM, 1979, p. 51)

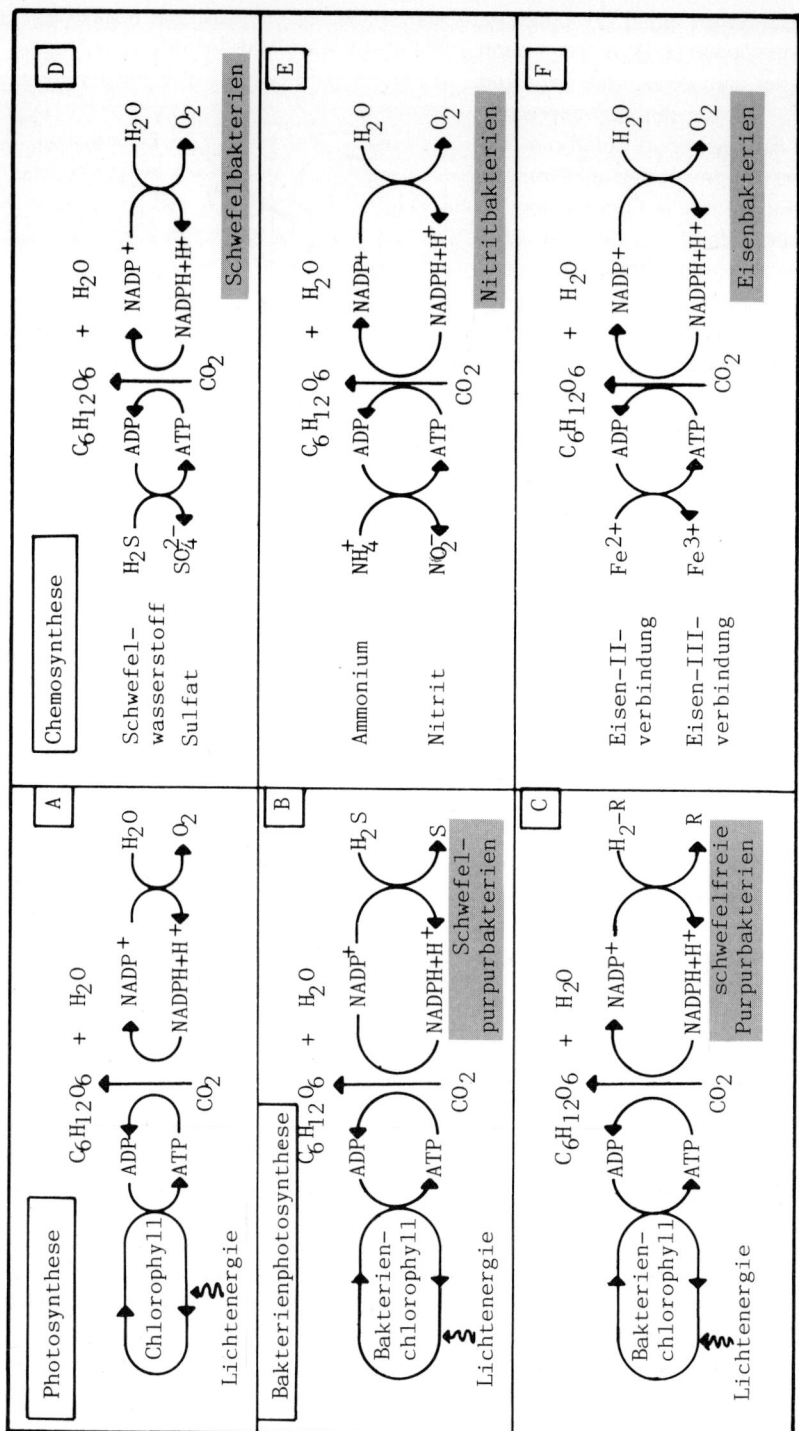

Fleischfresser und Allesfresser. Sowohl hinsichtlich des Gebisses bei den Wirbeltieren oder der Mundwerkzeuge bei den Insekten wie auch der Verdauungsorgane müssen sich diese Großgruppen erheblich unterscheiden; dabei gibt es noch verschiedenartige Anpassungen an die Lebensweise innerhalb der einzelnen Großgruppen. Vergleichbar dem Rind findet man z. B. wiederkäuende Pflanzenfresser und dem Pferd entsprechende pflanzenfressende Fluchttiere. Raubtiere, die sich überwiegend vom Fleisch anderer Wirbeltiere ernähren, haben ebenfalls einen vom Allesfresser abweichenden Verdauungstrakt. Auch unter den Insekten findet man entsprechende Anpassungen, wie z. B. die nektarsaugende Biene mit ihrem Honigmagen.

a) In welcher Hinsicht muß sich das Gebiß bzw. die Mundwerkzeuge der Insekten in den drei Großgruppen unterscheiden?
b) Welche besonderen Anpassungen müssen Pflanzenfresser aufweisen?
c) Wodurch unterscheiden sich die Verdauungsorgane der Insekten von denen der Wirbeltiere?
d) Fleischfressende Pflanzen wie die Venusfliegenfalle sind in der Lage, eingefangene Insekten zu verdauen und deren Bestandteile „aufzusaugen". Welche Besonderheit muß demzufolge das zum Fangapparat umgebildete Blatt haben?

(4) *Abbau der Nahrung bei heterotrophen Organismen*

Als energieliefernde Substanzen sind drei große Stoffgruppen zu unterscheiden, die wesentliche Bestandteile der Nahrung sind: Fette, Kohlenhydrate und Eiweiße. Daneben kommen außer Wasser verschiedene Mineralien, Spurenelemente, Vitamine und Ballaststoffe vor. Die zugeführte Nahrung muß dann einerseits soweit abgebaut werden, daß eine optimale Energieausnutzung erfolgt; andererseits müssen aber auch größere Bausteine für den Aufbau körpereigener Substanz zur Verfügung gestellt werden. Dies gilt insbesondere für die Tiere, die nur eine Winterruhe halten und von ihrem „Vorratsfett" leben müssen.

Der wesentliche Vorgang zur Energiegewinnung in der Zelle ist die sog. **Zellatmung,** deren Ausgangssubstanz die Glucose ist. Andere energieliefernde Substanzen werden auf z. T. sehr komplizierten Wegen in Glucose umgewandelt oder in deren Abbauwege an geeigneten Stellen eingeschleust (vgl. Heft Cytologie und Stoffwechselphysiologie). Die wesentlichen Schritte sind dabei die Glykolyse, der Citronensäurezyklus und die Atmungskette; die Zellatmung läuft nur unter Sauerstoffanwesenheit ab und führt zur Ausscheidung von CO_2 und Wasser, zu denen die energiereichen Kohlenhydrate, Fette oder Eiweiße letztendlich abgebaut werden.

Eine weitere Form der Energiegewinnung stellt die **Gärung** dar. Hefezellen und Milchsäurebakterien sind Mikroorganismen, die durch ihren Glucoseabbau gut bekannte Endprodukte „herstellen": Hefezellen erzeugen unter Sauerstoffabschluß Alkohol (alkoholische Gärung); Milchsäurebakterien sind aus der Herstellung von Jogurth und ähnlichen Produkten nicht wegzudenken (im übrigen kann bei Sauerstoffmangel auch im Muskelgewebe des Menschen Milchsäure gebildet werden). Allen Gärungsprozessen ist gemeinsam, daß sie ohne Sauerstoffzufuhr ablaufen und daß die Glucose nur unvollständig abgebaut wird, d. h. die entstehenden Endprodukte sind noch energiereich.

a) Wiederholen Sie die Grundstruktur der energieliefernden Nahrungsbestandteile und erläutern Sie deren biologische Bedeutung!
b) Zu welchen Grundbausteinen werden die energieliefernden Substanzen abgebaut und wo findet z. B. im menschlichen Körper der Aufbau körpereigener Substanz statt?
c) Welche Aufgaben haben die nichtenergieliefernden Bestandteile der Nahrung?
d) Erläutern Sie kurz die verschiedenen Gärungen anhand der Abb. 6b und erarbeiten Sie Gemeinsamkeiten und Unterschiede zur Glykolyse, dem ersten Teil der Zellatmung (Abb. 6a)!
e) Welche besondere ökologische Bedeutung könnten die Gärungen haben? (Beachten Sie die Bedingungen im Boden oder am Grund von Gewässern.)
f) In den Schritten der Zellatmung, die die meiste Energie liefern (Citronensäurezyklus und Atmungskette, siehe Abb. 7) wird die Glucose zu Kohlendioxid und Wasser abgebaut. Welche ökologische Bedeutung hat demzufolge dieser Vorgang (vgl. hierzu Abb. 2) und unter welchen Bedingungen kann er nur ablaufen?
g) Erläutern Sie die folgenden Begriffe: aerobe und anaerobe Dissimilation, Assimilation und Endoxydation.

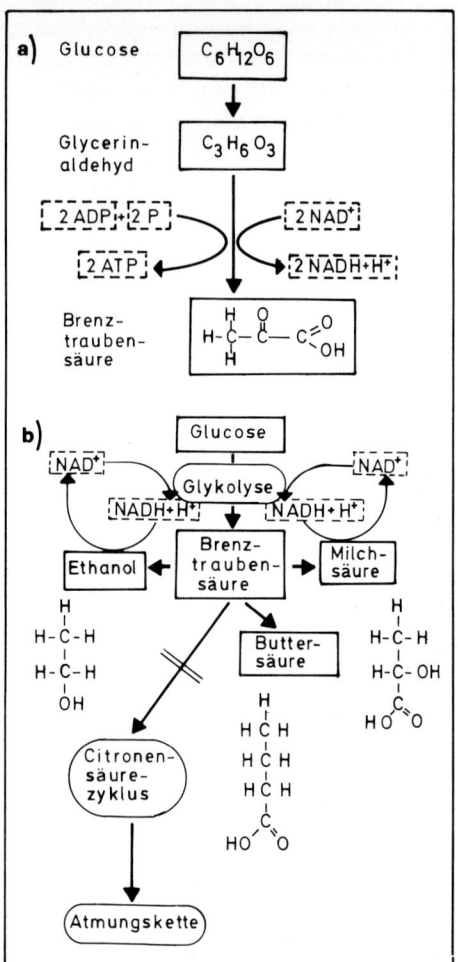

Abb. 6 Abbauwege der Kohlenhydrate
a) Vereinfachtes Schema zur Glykolyse
b) Übersicht zu den verschiedenen Gärungsprozessen

C. Eingriffe von Umweltfaktoren auf molekularer Ebene

Jede Form von Leben läuft in bestimmten physikalischen und chemischen Grenzen ab; dabei werden die Extremwerte und Grenzen nicht nur durch diese Faktoren oder die molekularbiologischen Vorgänge an sich festgelegt, sondern auch durch zahlreiche Wechselwirkungen und genetische Komponenten der Individuen bestimmt. Da die Umweltfaktoren jedoch primär auf die Stoffwechselvorgänge einwirken und damit dann Entwicklung, Fortpflanzung, Lebensrhythmus und Verhalten bestimmen, soll diese Betrachtung hier voran gestellt werden, auch wenn sich z. T. Überschneidungen mit Teil III und IV ergeben.

Abb. 7 Schema des vollständigen oxidativen Abbaus der Glukose (nach HAFNER/PHILIPP, 1986, p. 69)

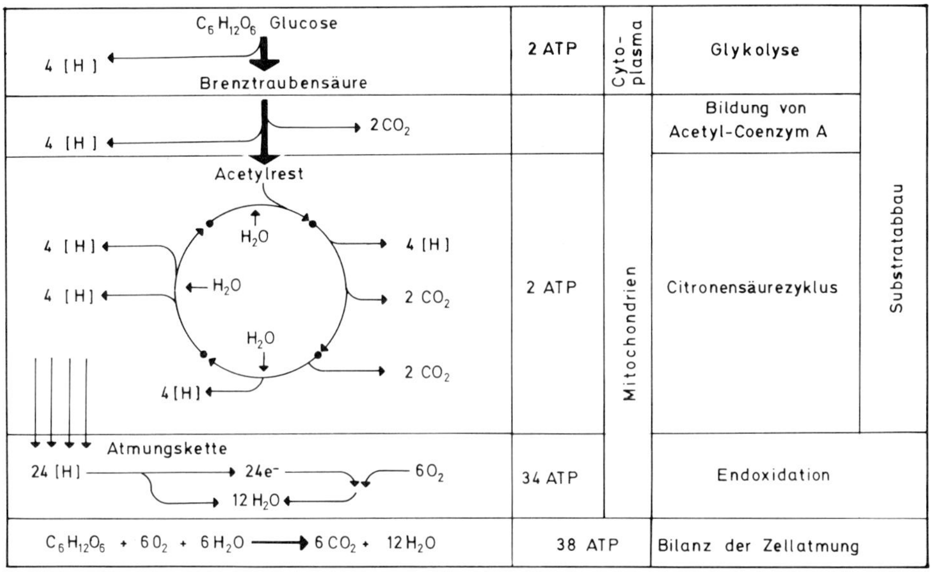

$C_6H_{12}O_6$ Glucose 4 [H] ← ↓ Brenztraubensäure	2 ATP	Cytoplasma	Glykolyse
4 [H] ← ↓ → 2 CO_2 Acetylrest			Bildung von Acetyl-Coenzym A
4 [H] ← ↑ H_2O → 4 [H] 4 [H] ← ← H_2O → 2 CO_2 ↓ H_2O 4 [H] ← → 2 CO_2	2 ATP	Mitochondrien	Citronensäurezyklus
Atmungskette 24 [H] → 24 e^- → 6 O_2 → 12 H_2O ←	34 ATP		Endoxidation
$C_6H_{12}O_6 + 6 O_2 + 6 H_2O \longrightarrow 6 CO_2 + 12 H_2O$	38 ATP		Bilanz der Zellatmung

(Substratabbau)

(1) *Temperatur*

Einzeller und wechselwarme Tiere bewegen sich entsprechend der **RGT-Regel** bei einer Temperaturerhöhung von 10° C zwei- bis dreimal so schnell: die Menschenlaus kann bei 20° C z. B. 10 cm/min zurücklegen, bei 30° C jedoch 33 cm/min.
   a) Für welche Vorgänge trifft die RGT-Regel zu?
   b) Erläutern Sie die Abhängigkeit der Enzymaktivität von der Temperatur (vgl. Abb. 8a)!
   c) Viele Organismen überstehen tiefe Temperaturen, nicht aber die Eisbildung in ihrem Körper. Ermitteln Sie anhand der Abb. 8b, wie manche Insekten sehr tiefe Temperaturen trotzdem überleben!

(2) *Licht*

Insbesondere die **Photosynthese** ist vom Licht (aber auch vom CO_2-Gehalt) direkt abhängig. Zuviel Licht kann jedoch für manche Organismen auch schädlich sein, vor allem dann, wenn sie nicht über einen Verdunstungsschutz (z. B. dicke Cuticula auf den Blättern oder vergleichbare Anpassungsmechanismen) oder dunklere Pigmente verfügen.
   a) Erläutern Sie anhand der Abb. 8c die Abhängigkeit der Photosyntheserate vom Licht unterschiedlicher Intensität und ermitteln Sie, ob es weitere Abhängigkeiten bezüglich des Lichtfaktors geben kann!
   b) Von starkem UV-Licht getroffene Zellen sterben nach Änderung der Plasmaviskosität und Membranpermeabilität ab. Ermitteln Sie, warum man nach heftigen nächtlichen Regengüssen morgens öfters tote Regenwürmer in Wasserpfützen findet (Anm.: Die Würmer sind nicht ertrunken!)!

(3) CO_2-Konzentration

Die normale Konzentration von 0,03% in der Luft ist für die grüne Pflanze ausreichend, um die **Photosynthese** zu betreiben. Aufnahme und erste Bindung des CO_2 sind dabei zwar von der Lichtintensität und der Temperatur abhängig; das CO_2 selbst ist jedoch für die meisten Landpflanzen der limitierende Faktor. Daher werden Treibhäuser z. T. mit CO_2 „gedüngt". Bis zu einem Gehalt von 2,5% in der Atemluft ist dies für den Menschen unschädlich; 4–5% wirken betäubend und ab 8% führt es zur Erstickung. Manche auf der Bodenoberfläche lebenden Urinsekten werden bereits bei 1–2% CO_2-Gehalt der Luft geschädigt, andere im Boden lebende Urinsekten ertragen dagegen Konzentrationen bis zu 35% ohne Schaden.
a) Wie läßt sich aus der Abb. 8d erkennen, daß CO_2 der limitierende Faktor der Photosynthese ist?
b) Welche Besonderheit weisen C_4- oder CAM-Pflanzen auf (siehe Abb. 8e/f)?

(4) O_2-Konzentration

Mit größter Wahrscheinlichkeit entstand das Leben auf der Erde vor über 3 Milliarden Jahren unter anaeroben Bedingungen; die Energiegewinnung erfolgte über die Chemosynthese. Einige Archaebakterien zeigen dies noch heute.
a) Warum kann Sauerstoff auf manche Lebewesen giftig wirken?
b) Begründen Sie, warum die „Erfindung" des Atmungsenzyms Cytochrom c ein wesentlicher Schritt in der Evolution war!
c) Unter welchen Bedingungen leben die im Darm ihres Wirtes schmarotzenden Einzeller oder Würmer hinsichtlich ihrer Energieversorgung?

(5) Mineralstoffe

Auf den Hawai-Inseln wäre 1953 der Ananas-Anbau beinahe zum Erliegen gekommen. Kränkliche, vergilbende Stauden fielen langsam um und trotz intensiver Suche konnten keine Schädlinge entdeckt werden. Die um sich greifende Krankheit verursachte schon Panikstimmung, als endlich ein Chemiker auf die Idee kam, die Pflanzen mit einem „Mineralstoffcocktail" zu spritzen. Die Lösung enthielt zunächst alle in Betracht kommenden „Pflanzennährstoffe". Durch schrittweises Weglassen der einzelnen Komponenten stellte man schließlich fest, daß allein Zink der Mangelfaktor gewesen war, der die Krankheit ausgelöst hatte.
a) Warum kann ein einzelner Faktor derartige Auswirkungen haben?
b) Ermitteln Sie z. B. aus der Aufschrift der Nährlösungen für Hydrokultur, welche weiteren Mineralien die Pflanzen benötigen!
c) Nach längerem starken Brechdurchfall kann es zu Krämpfen und Bewußtseinsstörungen kommen. Ermitteln Sie den Zusammenhang!

Abb. 8 Abhängigkeit der Stoffwechselvorgänge von Umweltfaktoren (nach MOHR, 1978, p. 216/239 und TISCHLER, 1984, p. 32)
a) Enzymaktivität b) Kälteresistenz c/d) Photosyntheserate e/f) Besondere Photosyntheseformen

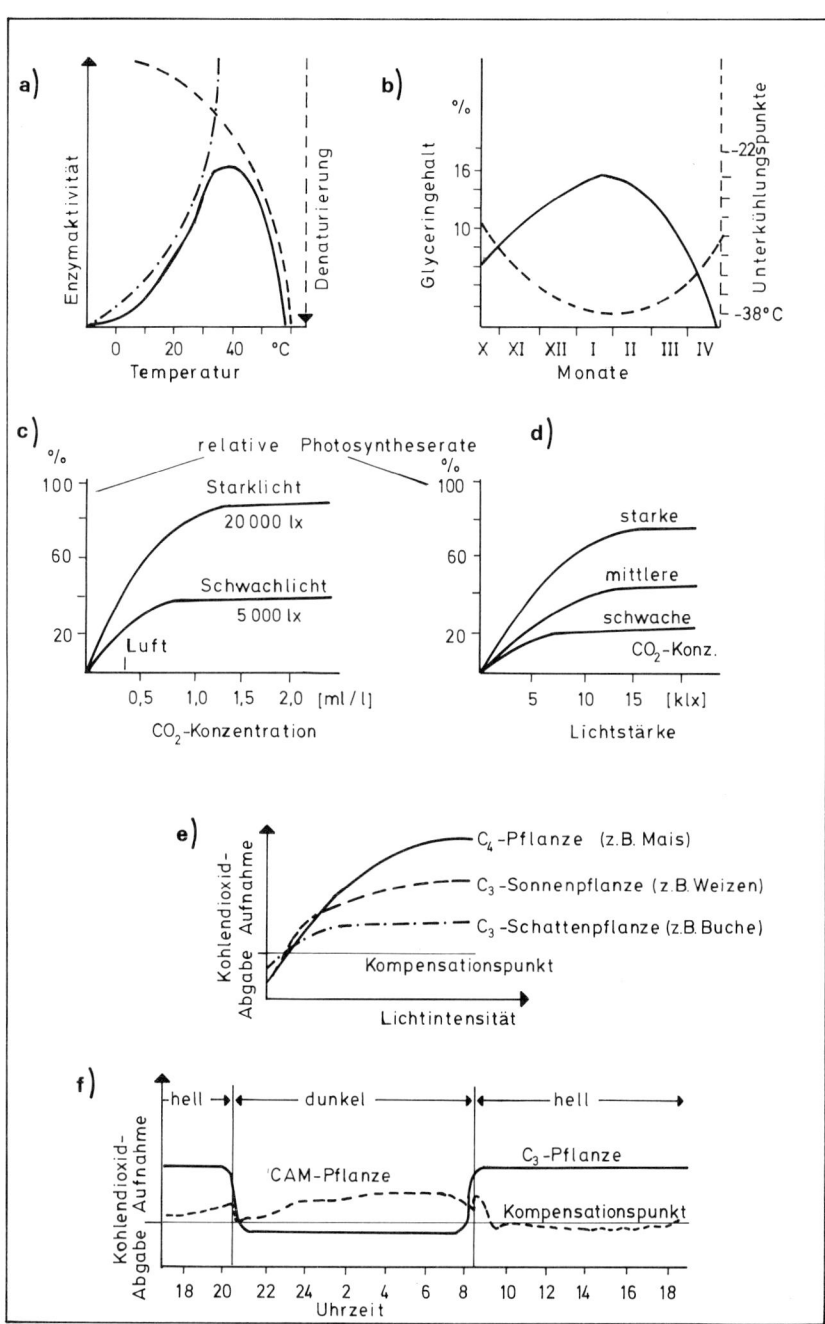

III. Teil: Wirkung abiotischer Umweltfaktoren auf den Organismus

A. Wasser als abiotischer Faktor

Der abiotische Faktor Wasser ist in jedem Ökosystem und in jedem Organismus ein lebensnotwendiger Bestandteil. Im einzelnen soll dies auf der Ebene der Moleküle, der Organismen und der Ökosysteme näher betrachtet werden.

(1) *Die Eigenschaften des Wassers und ihre Bedeutung für die Lebewesen*

Wassermoleküle können untereinander Wasserstoffbrücken bilden; daher ist ihre Bindung aneinander ziemlich fest und es entstehen regelmäßige Aggregate. Im Eis hingegen liegt ein regelmäßiges Kristallgitter mit großen Hohlräumen vor; bricht dies beim Schmelzvorgang zusammen, bilden sich wieder die regelmäßigen Aggregate und die Hohlräume werden kleiner; daher nimmt die Dichte des Wassers von 0° C bis +4° C zu. Über +4° C bewirkt die thermische Ausdehnung der Materie eine Dichteabnahme **(Dichteanomalie).** Die Lage des Dichtemaximums wird zusätzlich vom Salzgehalt und Druck bestimmt.

Die Bindung der Wassermoleküle aneinander ist, verglichen mit ähnlichen Molekülen wie NH_3 oder H_2S, besonders stark. Daher hat Wasser einen höheren Schmelz- und Siedepunkt, eine große Oberflächenspannung, eine hohe Schmelzwärme und eine hohe spezifische Wärme (= Wärmekapazität). Hinzu kommt eine schlechte Wärmeleitfähigkeit, so daß der Wärmetransport fast nur durch die Wasserbewegung erfolgt.

Aus diesen chemisch-physikalischen Eigenschaften ist zu erklären, daß Gewässer von oben her zufrieren, was für die Wasserpflanzen und -tiere von größter Bedeutung ist.

(2) *Bedeutung des Wassers in der Zelle*

In der Zelle ist Wasser als Lösungsmittel für fast alle Stoffumsetzungen, als Transportmittel für die gelösten Stoffe, als Reaktionspartner bei Stoffwechselreaktionen und als Mittel zur Regulation der Temperatur unentbehrlich. Osmotische Vorgänge sind dabei eng an die Struktur der Zellmembran gebunden. Im Cytoplasma wird die Diffusion z. B. durch die Plasmaströmung unterstützt. Welche der besonders wichtigen Stoffwechselvorgänge Wasser verbrauchen bzw. produzieren, wurde bereits im II. Teil dargestellt.

(3) *Bedeutung des Wassers für tierische Organismen*

Die Organismen nutzen Wasser entweder als zeitweiligen oder dauernden Aufenthaltsort oder als Baustoff. Der tierische Organismus muß einen möglichst konstanten Wasserhaushalt aufweisen, um lebensfähig zu bleiben. Dazu kann Wasser auf unterschiedliche Art und Weise aufgenommen werden: durch Trinken und mit der Nahrung (z. B. Säuger, Vögel, Fische, Reptilien, Insekten); durch Absorption über die Körperoberfläche (z. B. Amphibien, Würmer, Insektenlarven) oder durch Oxydation von Wasserstoff aus der Zellatmung (z. B. manche Wüstentiere). Bei allen Organismen steht der **Wasseraufnahme** eine nicht zu vermeidende **Wasserabgabe** gegenüber. Die Tiere geben ständig

Wasser über Exkrete ab und verdunsten es über die Körperoberfläche. Den sog. **Feuchtlufttieren** fehlt daher jeglicher Verdunstungsschutz (Amphibien, Nacktschnecken, viele Bodenorganismen wie Regenwürmer und Asseln); **Trockenlufttiere** produzieren dagegen möglichst wasserarme Exkrete. Haare, Federn, Hornpanzer oder eine wasserundurchlässige Cuticula, auch die Ausbildung von Lungen statt Kiemen schützen diese Tiere vor übermäßiger Verdunstung.

Die **Osmoregulation** bei Tieren ist demzufolge ein sehr wesentlicher Mechanismus. Das bekannte Paramecien-Beispiel (Süßwasser-Form stellt beim Übertragen in Meerwasser die Tätigkeit der kontraktilen Vakuole ein; Meerwasserform besitzt keine kontraktile Vakuole) zeigt, daß die Salzkonzentration in den Zellen den Wert der Umgebung haben kann (isoosmotisch), aber auch höher (hyperosmotisch) oder niedriger (hypoosmotisch) als das umgebende Wasser sein kann. Zur Aufrechterhaltung einer konstanten Konzentration in den Zellen wurden z. B. die kontraktile Vakuole, die Salzdrüse der Möwen und die verschiedensten Exkretionsorgane (Nieren) entwickelt; z. T. ist also nicht nur die aktive Wasserausscheidung, sondern auch die aktive Salzaufnahme oder -abgabe gegen ein Konzentrationsgefälle notwendig.

(4) *Bedeutung des Wassers für die Pflanzen*

Der für alle Organismen lebensnotwendige Vorgang der Photosynthese hat gezeigt, daß die Aufnahme und Abgabe von Wasser für die Pflanzen ebenfalls ständig gewährleistet sein muß. Pflanzen nehmen über die Wurzel Wasser und Ionen auf; ein Transport gegen die Schwerkraft in die bis zu 100 m hohen Baumkronen ist nur möglich durch die ständige Verdunstung über die Blätter (Bedeutung der Spaltöffnungen, siehe Abb. 3). Außerdem sind die Kohäsionskräfte, die die Wasserfäden in der Pflanze zusammenhalten, für diesen Vorgang ausschlaggebend. Die **Transpiration** ist um so beträchtlicher, je trockener die umgebende Luft und je größer die Blattfläche ist, die mit der Luft in Berührung kommt. Bei Wassermangel kann die Pflanze die Wasserabgabe durch Verschluß der Spaltöffnungen vorübergehend stark einschränken, welkt aber, wenn der Wassermangel längere Zeit anhält.

(5) *Bedeutung des Wassers für die Ökosysteme*

Auf der Ebene der Ökosysteme ist der Faktor Wasser z. T. die wesentliche Existenzgrundlage (Meer, Watt, See), mehrere Ökosysteme sind über den Wasserkreislauf verbunden (siehe Abb. 9). In dieser Abbildung sind die weiten Teile der Erdoberfläche, die mit Eis und Schnee bedeckt sind, nicht berücksichtigt; diese stellen zwar nur schätzungsweise 2% des gesamten verfügbaren Wassers dar, würden aber zu einer entsetzlichen Katastrophe führen, falls sie abschmelzen: der Meeresspiegel würde weltweit um 60 m (Angabe nach HAFNER, 1986, p. 24) steigen. Von der Gesamtwassermenge stehen nur 0,5% den Landökosystemen zur Verfügung, 97% sind in den Meeren vorhanden.

Abb. 9 Der Wasserkreislauf (nach LARCHER, 1973, p. 354)

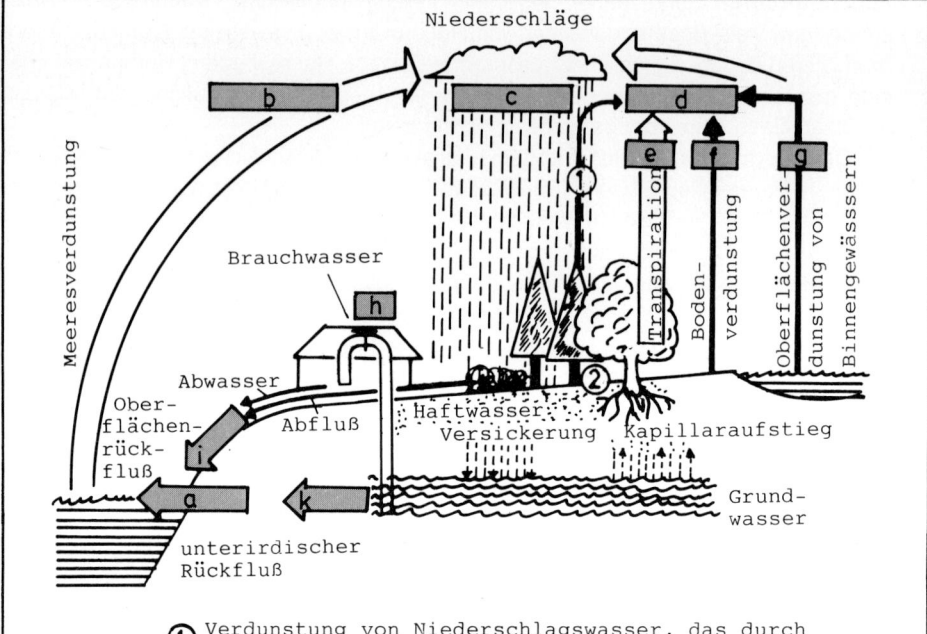

① Verdunstung von Niederschlagswasser, das durch den Kronenauffang zurückgehalten wurde
② Kronendurchlaß und Stammablauf

Angaben in		
mm	%	
825	100	(1)
485	59	(2)
371	45	(3)
340	41	(4)
296	36	(5)
104	13	(6)
58	7	(7)
44	5	(8)
10	9	(9)

Gebietswasserhaushalt der BRD nach Berechnungen von CLODIUS u. KELLER für den Zeitraum von 1931-1960

(6) *Aufgaben*

a) Geben Sie die Texte in eigenen Worten wieder!
b) Erhitzt man **Pflanzensamen** für 24 Stunden auf 105° C, so beträgt die Differenz zwischen Frisch- und Trockengewicht nur 10%; die meisten Pflanzengewebe haben Unterschiede zwischen Frisch- und Trockengewicht von 70–95%, Früchte meist mehr als 90%, der Mensch ca. 64%. Welche Rückschlüsse lassen sich damit auf die Stoffwechselaktivität in den Samen ziehen?
c) Ordnen Sie in Abb. 9 die fehlenden Angaben den entsprechenden Kästchen zu (das Schema ist auf mm-Basis abgestellt, da der Niederschlag – der als Ausgangspunkt für alle aus ihm abgeleiteten **Wassernutzungen** gilt – üblicherweise in mm pro Quadratmeter angegeben wird) und erläutern Sie die Zusammenhänge! Welche Bedeutung haben die Pflanzen in diesem Zusammenhang?
d) Erläutern Sie, wie man aus den physikalisch-chemischen Eigenschaften des Wassers folgende Zusammenhänge erklären kann:
   – unter der schützenden Eisdecke bleibt den Organismen der **See** als Lebensraum erhalten;
   – ein ausreichend tiefes Gewässer kann nicht durchfrieren;
   – abhängig von der Temperatur der Umgebung entsteht eine sog. Sommer- und Winterstagnation bzw. im Herbst und Frühjahr eine Vollzirkulation in einem Binnengewässer (vgl. Abb. 10a–c).
e) Die vollständige Verbrennung von je 100 g Fett, Kohlenhydraten oder Eiweiß ergibt 107 bzw. 55 bzw. 41 g Wasser (durch Oxydation des bei der **Zellatmung** gebildeten Wasserstoffs; siehe Teil II). Welche Bedeutung hat dies für folgende Tierarten: Mehlkäfer (lebt im Mehl), Nagekäfer (lebt in verarbeitetem Holz), Taschenspringmaus (lebt in der Arizonawüste von trockenem Samen)?
f) Warum sind zahlreiche Tiere in der **Wüste** „nachtaktiv"?
g) Ein Mensch übersteht einen heißen Wüstentag ohne Wasseraufnahme nicht, er überlebt aber bei genügender Wasserzufuhr. Begründen Sie dies!
h) Bei einem marinen Knochenfisch wie dem Kabeljau ist die Körperflüssigkeit gegenüber dem **Meerwasser** hypoosmotisch. Warum leidet das Tier demzufolge an Wassermangel und Salzüberschuß und wie könnte der Fisch dies wieder ausgleichen?
i) Welche Aussagen lassen sich aus Abb. 11 ableiten? (Vergleichen Sie hierzu auch den allgemeinen Aufbau der Pflanze [siehe Abb. 3] und ermitteln Sie, welche besonderen Zellen an der Wasserleitung in der Pflanze beteiligt sind.)
k) Welchen **Einfluß des Waldes** auf das Klima können Sie aus den bisherigen Angaben ablesen?
l) In Abb. 12 sind verschiedene **Blattquerschnitte** dargestellt; welche Besonderheiten weisen sie gegenüber dem normalen bifacialen Blattquerschnitt (vgl. Abb. 3) auf? Ermitteln Sie, welche Bedingungen der Faktor „Wasser" am Standort der zugehörigen Pflanze haben muß!

Abb. 10 Wasserzirkulation in einem See (nach HAFNER, 1986, p. 105)

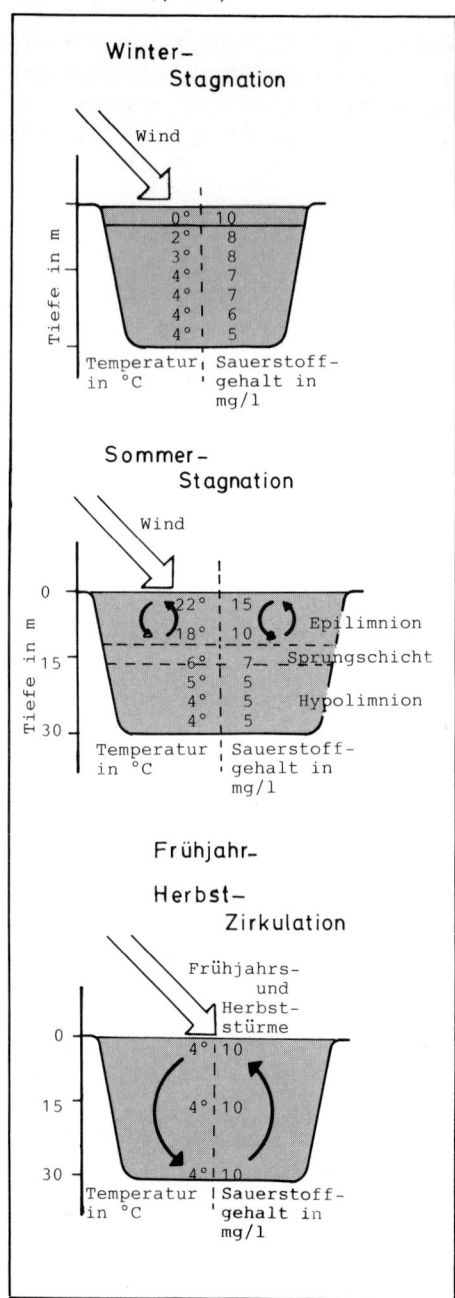

Abb. 11 a) Saugspannung eines Eibenzweiges b) Ringelungsversuch. Wird die Rinde eingeschnitten, dann bleibt die Pflanze noch einige Zeit frisch, stirbt dann aber ab (aus LINDER, 1971, p. 65)

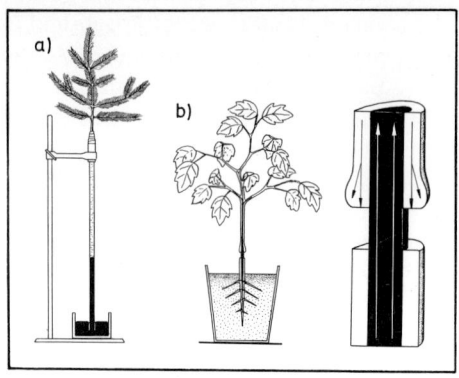

Abb. 12 Anpassungen an die Wasserversorgung/Vergleich der Blattquerschnitte (nach STRASBURGER, 1983, p. 190 ff.)

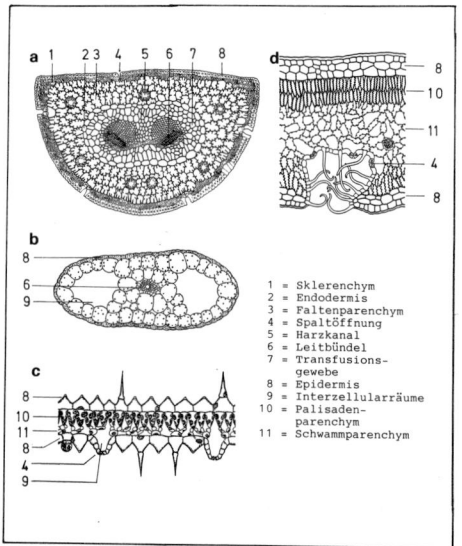

1 = Sklerenchym
2 = Endodermis
3 = Faltenparenchym
4 = Spaltöffnung
5 = Harzkanal
6 = Leitbündel
7 = Transfusionsgewebe
8 = Epidermis
9 = Interzellularräume
10 = Palisadenparenchym
11 = Schwammparenchym

B. Licht als abiotischer Faktor

Die große ökologische Bedeutung des Lichts liegt in zwei wesentlichen Teilbereichen:
- über die Photosynthese ist es die primäre Energiequelle der belebten Welt;
- durch die Belichtungsdauer (Tageslänge und ihr Wechsel im Verlauf der Jahreszeiten, d. h. Photoperiodik) werden bei Pflanzen und Tieren Stoffwechselprozesse gesteuert. Direkt und indirekt wird damit Wachstum, Entwicklung und Bewegung der Organismen beeinflußt.

(1) *Eigenschaften des Lichts*

Licht als Teil des klimatischen Faktors „**Strahlung**" bezieht sich auf deren sichtbaren Bereich zwischen 400 und 800 nm Wellenlänge. Da alle Lebensprozesse nur unter bestimmten Temperaturbedingungen ablaufen und die Photosynthese unmittelbar vom Licht abhängig ist, ist die Sonneneinstrahlung letzten Endes der wesentliche abiotische Faktor. Ein großer Teil der kurzwelligen Sonneneinstrahlung wird von der Lufthülle absorbiert. Bei direkter Einstrahlung auf die Erdoberfläche liegt das Maximum im Gelb- bei niedrigem Sonnenstand im Rotbereich. Im Wald verteilt sich die einfallende Strahlungsmenge auf mehrere Etagen. Dadurch wird wiederum der Stockwerksbau eines Mischwaldes verstärkt (siehe Abb. 48). Die Artenzusammensetzung ist davon abhängig, in welchem Maß die verschiedenen Strahlungsanteile abgeschwächt werden. Wichtig ist, daß die durchgelassene Strahlung am Blatt noch ein wenig photosynthetisch aktiv ist; chlorophyllhaltige Blätter holen den kurzwelligen Anteil heraus. Es entsteht darunter ein Rot-Grün-Schatten, an den die Schattenpflanzen bzw. die Schattenblätter besonders gut angepaßt sind. Das **Schattenblatt** absorbiert in erster Linie rote Lichtanteile. In Wäldern dürfte um 0,3% des vollen Tageslichtes die Grenze für das Vorkommen von grünen Pflanzen liegen, darunter finden sich meist nur noch Saprophyten und Parasiten. Im Verlauf eines Tages findet man außerordentlich schwankende Lichtintensitäten, die an offenen Standorten noch durch die Wirkung des Unterlichts vestärkt werden, das an stark reflektierenden Bodenflächen auftreten kann. Besonders stark ist die Reflexion von Wasserflächen, von denen 45–85% des einfallenden Sonnenlichts ohne wesentliche Spektralveränderungen reflektiert werden.

a) Erläutern sie anhand der Abb. 13, welche Strahlungsanteile als photosynthetisch aktiv betrachtet werden können und welche Effekte die anderen Anteile haben!
b) Welche Auswirkungen hat die Photoperiodik auf die physiaklischen Eigenschaften des Lichts?
c) Welche Unterschiede bestehen zwischen einem Sonnen- und einem Schattenblatt (beachten Sie hierzu auch Abb. 8)!
d) Welche Probleme entstehen für Lebensräume, in die kein Sonnenlicht eindringen kann? (Geben Sie für derartige Lebensräume einige Beispiele an!)

Abb. 13 Eigenschaften des Lichts
a) Ausschnitt aus dem Strahlenspektrum   b) Strahlungsverhältnisse und Wärmeumsatz (nach MÜLLER, 1984, p. 26)   c) Täglicher Verlauf der Lichtintensität (nach FELS, 1984, p. 4)

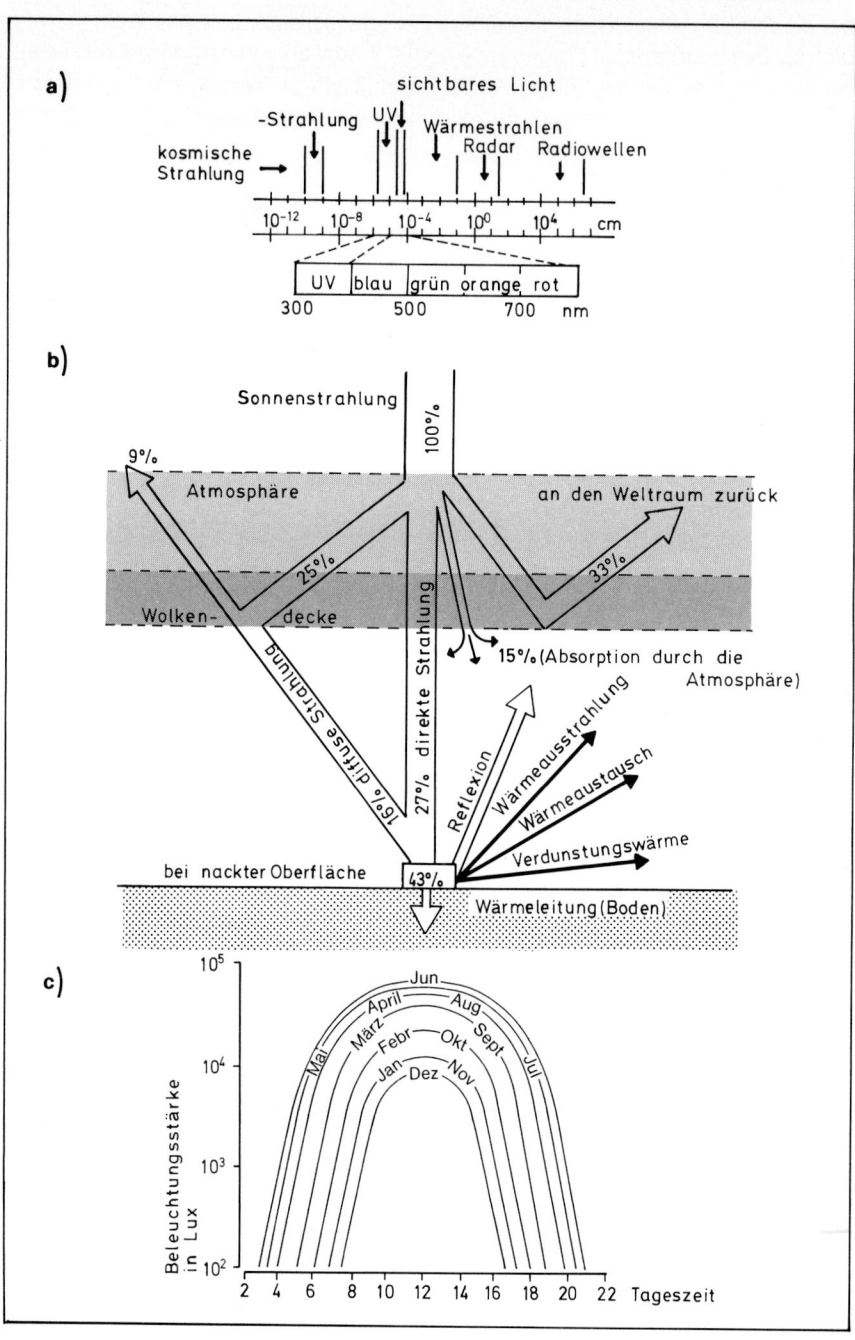

(2) *Die Bedeutung des Lichts für die Pflanzen*

Wie bereits an verschiedenen Stellen erwähnt, spielt das Licht von allen Außenfaktoren für die Pflanze die bedeutendste Rolle. Die verschiedenen Auswirkungen in Bezug auf die Photosynthese wurden bereits in Teil II untersucht. Die Auswirkungen, die Licht als richtender Faktor in Reizreaktionen hat, sind bei der Pflanze nicht so offensichtlich wie beim Tier; an jedem Blumenfenster werden sie aber bereits nach wenigen Tagen sichtbar **(Phototropismus).** Auch das Öffnen und Schließen von Blüten (z. B. bei Seerosen oder Kakteen) kann durch die Lichtwirkung gesteuert werden **(Photonastie).** Einen sehr großen Bereich umfaßt aber der Einfluß des Lichts auf die Entwicklung der Pflanze **(Photomorphogenese).**

Dies beginnt bereits bei der Keimung (einige Pflanzenarten keimen z. B. nur, wenn sie im gequollenen Zustand belichtet werden, andere keimen im Hellen nicht; **Lichtkeimer** sind z. B. Tabak, Senf und Kopfsalat; ein **Dunkelkeimer** ist der Kürbis). Die Auswirkungen des Lichts auf die Blattform (z. B. Sonnen- oder Schattenblatt) oder Blütenbildung ist besonders gut in bezug auf Lang- und Kurztagbedingungen untersucht. **Langtag** bedeutet, daß die

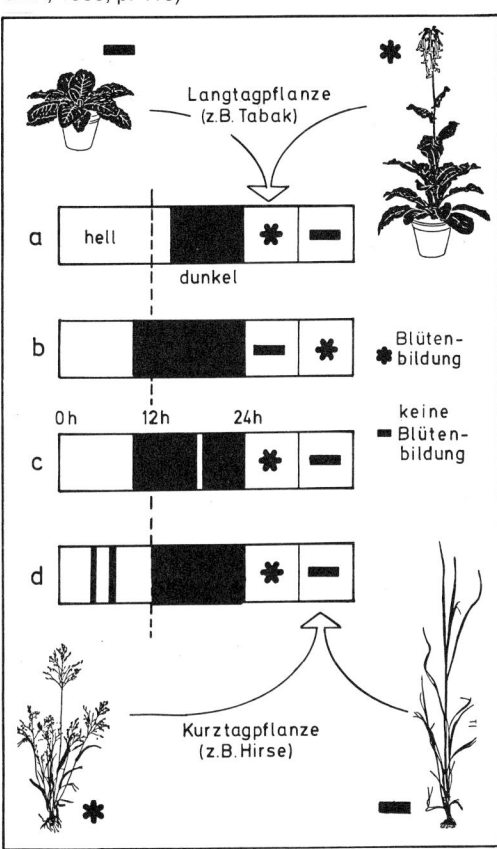

Abb. 14 Blühinduktion bei Kurz- und Langtagpflanzen (nach HAFNER/PHILIPP, 1986, p. 23 und STRASBURGER, 1983, p. 415)

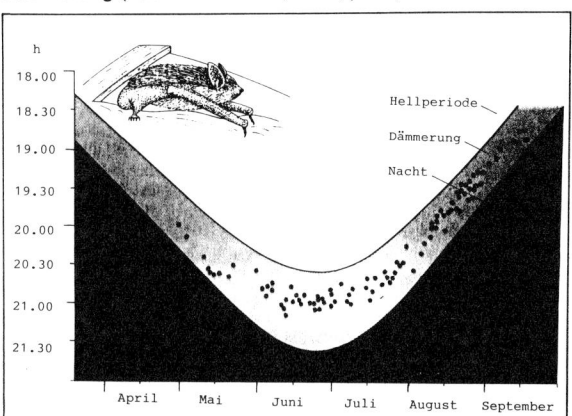

Abb. 15 Aktivitätsbeginn der in Mitteleuropa verbreiteten „Spätfliegenden Fledermaus" in Abhängigkeit von der Abenddämmerung (nach TISCHLER, 1984, p. 63)

tägliche Belichtungsdauer über 10–14 Stunden liegt; im **Kurztag** dagegen liegt sie unter 10–14 Stunden.
a) Erläutern Sie die im Text genannten Begriffe Phototropismus, Photonastie und Photomorphogenese; erarbeiten Sie die Unterschiede!
b) Welche Aussage läßt sich aus Abb. 14 ableiten?
c) Bei den Tabakpflanzen gehören nah verwandte Arten unterschiedlichen Gruppen an: Nicotiana tabacum ist eine Kurztag-, Nicotiana sylvestris eine Langtagpflanze. Wenn man auf eine im Langtag gehaltene Pflanze von N.tabacum nur ein einziges Blatt von N.silvestris aufpfropft, kommt N.tabacum zum Blühen. Welche verschiedenen Schlußfolgerungen lassen sich hieraus ziehen?

(3) *Die Bedeutung des Lichts für die Tiere*

Im allgemeinen kann man vier große Gebiete in der Wirkung des Lichts auf die Tiere unterscheiden: die Beeinflussung des **Aktivitätsrhythmus** (Wachen/Schlafen), die richtende Wirkung bei **Reizreaktionen** (z. B. Phototaxis), die Steuerung der **Entwicklung** (z. B. Saisondimorphismus) und den Einfluß auf die **Pigmentierung.** Die Beziehungen zwischen Licht und tierischer Aktivität sind dreifach: Licht oder sein Fehlen sind die Voraussetzung, daß Tiere aktiv sind (Tag- oder Nachtaktivität); im Verlauf eines Tages oder einer Nacht werden beim einzelnen Tier durch die Lichtreize bestimmte Aktivitäten ausgelöst oder abgeschaltet (tagaktive Vögel beginnen z. B. zu bestimmten Zeiten in der Morgendämmerung zu rufen); das Ausmaß der Aktivität wird durch das Licht beeinflußt (z. B. raschere oder langsamere Bewegung).
a) Welche der oben genannten Einflüsse des Lichts auf Tiere zeigen die Abb. 15 und 16?
b) Welche „Organe" und biochemische Mechanismen könnten an der Steuerung dieser Verhaltensweisen und verschiedenen Entwicklungen beteiligt sein?
c) Der Entwicklungsgang der Rübenblattlaus (Abb. 17) zeigt verschiedene Anpassungen an jahresrhythmische Faktoren. Erläutern Sie die Zusammenhänge!

C. Temperatur als abiotischer Faktor

Die Temperatur hat ebenso wie das Licht, zwei wesentliche Wirkungen: zum einen beschleunigt sie bei Erhöhung die Reaktionsgeschwindigkeit chemischer Prozesse und zum anderen wirkt sie auf Verhalten und Anatomie der Organismen ein. Beide Punkte werden bei Tieren besonders deutlich.

(1) *Einfluß der Temperatur auf Tiere*

a) Berechnen Sie Oberfläche und Volumen einer Kugel entsprechend den Formeln und bilden Sie den Quotienten von Oberfläche:Volumen im Vergleich für $r = 1$, $r = 10$ und $r = 100$.

$$V = \frac{4}{3}\pi r^3 \qquad O = 4\pi r^2$$

Abb. 16 Saisondimorphismus beim Landkärtchenfalter (nach MÜLLER, 1984, p. 185)

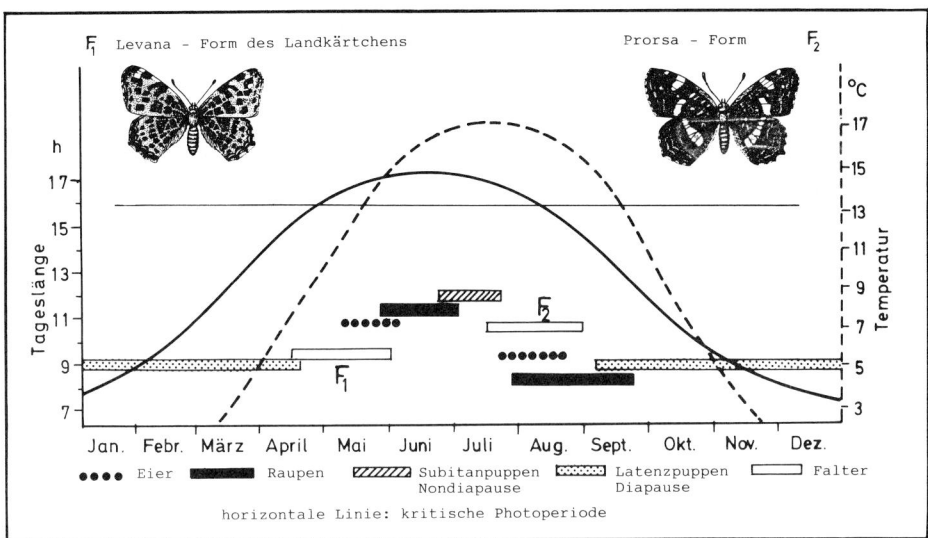

Abb. 17 Entwicklungsgang der Rübenblattlaus (nach REMANE, 1985, p. 247)

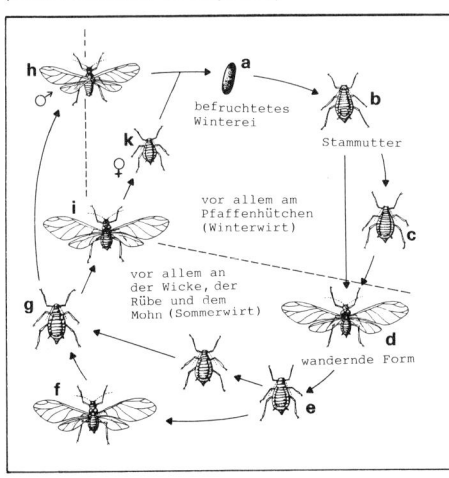

Tab. 2: Das Verhältnis von Oberfläche zu Volumen (Angaben aus FELS, 1976, S. 15)

		Quotient
Mensch		
Erwachsener	(70 kg)	0,2
Kind, 1 Jahr	(9 kg)	0,5
Neugeborenes	(3 kg)	0,6
Frühgeburt	(1,5 kg)	0,8
Finger		2,1
Hund		
Gesamtkörper	(10 kg)	0,5
Zunge, vordere Hälfte		3,6
Kaninchen		
Gesamtkörper	(2 kg)	0,7
Ohr		5,6

b) Interpretieren Sie nach dieser mathematischen Erkenntnis die Angaben in Tabelle 2 vom biologischen Standpunkt aus!

c) Informieren Sie sich darüber, was mit dem Begriff **„Grundumsatz"** beschrieben wird und erklären Sie, warum eine Spitzmaus pro Körpermasseneinheit einen 65mal größeren Grundumsatz als der Mensch und einen 200mal größeren Grundumsatz als der Elefant hat. Ermitteln Sie auch, warum die kleinste Spitzmaus 2,5 g nicht unterschreiten kann (kleinster Kolibri unterschreitet das Gewicht von 1,7 g nicht).

d) Die aufgezeigten Korrelationen sind von entscheidender Bedeutung für die Verbreitung der Lebewesen über die Erdoberfläche. Ein großes Säugetier hat in einer kalten Umgebung einen Lebensvorteil gegenüber einem kleinen Säugetier. Diese müssen den durch ihre geringe Größe gegebenen Nachteil durch ihr Verhalten ausgleichen (Winterschlaf, Bauen von unterirdischen Zufluchtsstätten usw.). In unseren Breiten ist der Feldhase das kleinste dauernd ungeschützt lebende Säugetier; alle kleineren Arten müssen während der kalten Jahreszeit Schlupfwinkel aufsuchen. Andere Tiergruppen entgehen der Winterkälte durch Wanderungen (z. B. Vogelzug). Die Beziehungen des Energiestoffwechsels zu der geographischen Verbreitung der Säuger findet in der **Bergmannschen** und der **Allenschen Regel** ihren Ausdruck. Interpretieren Sie hierzu die Abb. 18!

e) Der Energiehaushalt von Wüstentieren bestätigt die hier dargelegten Gesetze: der Fenek ist das größte dauernd in der Wüste lebende Säugetier. Er deckt seinen Wasserbedarf ausschließlich aus dem Blut von Beutetieren. Er jagt in der Dämmerung und tagsüber zieht er sich in seinen unterirdischen Bau zurück. Beim Kamel beträgt die Körpertemperatur am Morgen 34° C; erst große Wärmeeinwirkung läßt sie auf die Normhöhe von 41° C ansteigen. Danach setzt erst die Wärmeregulation durch Schwitzen ein, wobei die Kamele bis zu 40% ihres Wassergehaltes verlieren können (die übrigen Säuger höchstens 20%). Ein Kamel kann außerdem in 10 Minuten 130 Liter Wasser trinken und das Wasser geht schnell ins Blut bzw. in die Zellen über. Ein Jugendlicher, der versuchte innerhalb einer halben Stunde 30 Liter Wasser zu trinken, wurde trotz Erbrechen mit schweren Vergiftungserscheinungen ins Krankenhaus eingeliefert. Bei den Säugern heißer Zonen sind die Vorratsfette zusätzlich nur an bestimmten Stellen des Körpers konzentriert (Fetthöcker, Fettschwanz); dadurch wird die Wärmeabgabe nicht behindert. Inwiefern lassen sich diese Beispiele mit den vorgenannten Regeln vereinbaren?

f) Die **Glogersche Regel** besagt, daß die Melaninbildung bei Rassen feuchtwarmer Gebiete stärker ist als bei solchen kühltrockener Gebiete; dies führt zu überwiegend rötlich-braunen Tönen in feuchtwarmen Zonen und zu Grautönen in Trockengebieten. Finden Sie Beispiele für diese Regel!

g) Die verschiedenen ökogeographischen Regeln ergeben zusammengenommen sog. **„Merkmalsgradienten"** (Clines); jede Population einer Art wird entlang einer gedachten geographischen Linie durch Selektion an die lokalen Bedingungen angepaßt. Welche kontinuierliche Merkmalsverteilung wurde in den genannten Beispielen untersucht?

Abb. 18 Allensche Regel mit den Beispielen Polar-, Rot- und Wüstenfuchs, europäischer Luchs und Karakal sowie Schnee- und Feldhase (nach ALTENKIRCH, 1977, p. 41) und die Bergmannsche Regel am Beispiel der Pinguine (nach KALUSCHE, 1982, p. 33 und HAFNER/PHILIPP, 1978, p. 28)

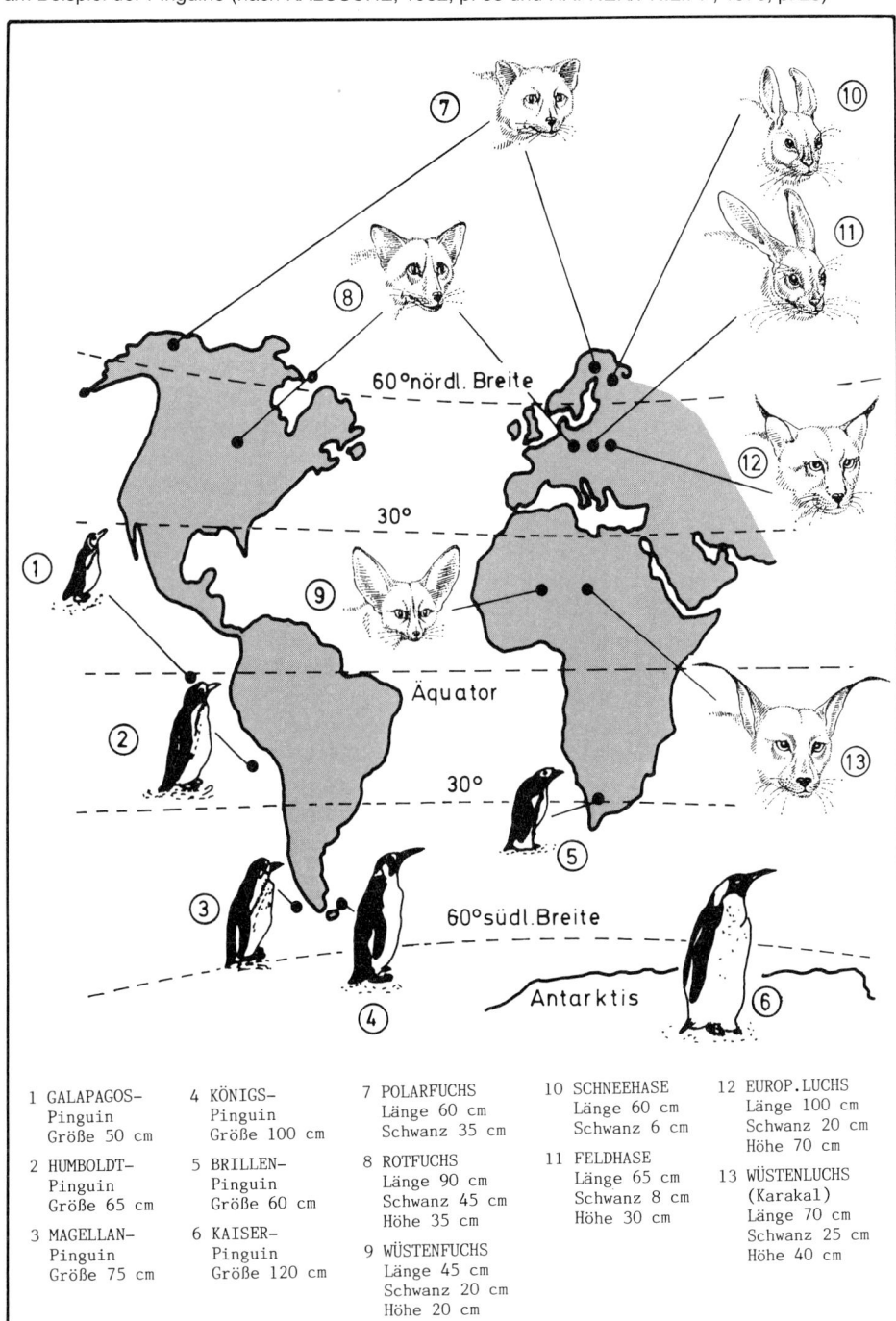

1 GALAPAGOS-
Pinguin
Größe 50 cm

2 HUMBOLDT-
Pinguin
Größe 65 cm

3 MAGELLAN-
Pinguin
Größe 75 cm

4 KÖNIGS-
Pinguin
Größe 100 cm

5 BRILLEN-
Pinguin
Größe 60 cm

6 KAISER-
Pinguin
Größe 120 cm

7 POLARFUCHS
Länge 60 cm
Schwanz 35 cm

8 ROTFUCHS
Länge 90 cm
Schwanz 45 cm
Höhe 35 cm

9 WÜSTENFUCHS
Länge 45 cm
Schwanz 20 cm
Höhe 20 cm

10 SCHNEEHASE
Länge 60 cm
Schwanz 6 cm

11 FELDHASE
Länge 65 cm
Schwanz 8 cm
Höhe 30 cm

12 EUROP. LUCHS
Länge 100 cm
Schwanz 20 cm
Höhe 70 cm

13 WÜSTENLUCHS
(Karakal)
Länge 70 cm
Schwanz 25 cm
Höhe 40 cm

(2) *Einfluß der Temperatur auf Pflanzen*

a) Die Photosyntheseleistung ist neben der Lichtqualität und -quantität als biochemische Reaktion natürlich auch von der Temperatur abhängig. Für die Pflanze ist dabei von Bedeutung, daß die Atmung bei höheren Temperaturen sehr viel rascher ansteigt als die reelle Assimilation. Erklären Sie aus Abb. 19, warum Polarpflanzen auch bei niedrigen Lichtintensitäten und niedrigen Temperaturen noch die Möglichkeit zu ausreichender Stoffproduktion haben!

b) Welche verschiedenen Komponenten der Temperaturresistenz müssen Pflanzen entwickeln und warum?

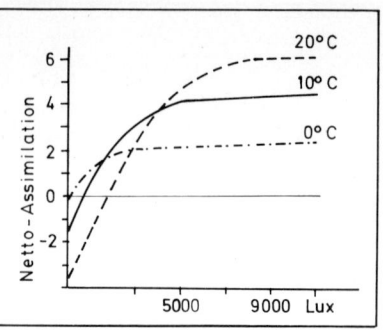

Abb. 19 Abhängigkeit der Photosynthese von Licht und Temperatur (nach WINKLER, 1980, p. 143)

D. Der Boden als abiotischer Faktor

(1) *Vorbemerkungen*

Der Boden ist ein abiotischer Faktor, auf den die Organismen selbst einwirken können. Er entsteht zwar „von unten" aus dem Gesteinsmaterial durch das Einwirken rein **physikalischer** Faktoren (z. B. rascher Temperaturwechsel oder mechanische Zerkleinerung) oder **chemischer** Einflüsse (Hydratation, Oxydations- und Hydrolyse-Vorgänge im Boden); andererseits ist seine Entstehung aber in großem Maß von der Wirkung der Pflanzen, Tiere und Mikroorganismen abhängig, die je nach Klima mehr oder weniger tief „von oben her arbeiten". Damit entsteht eine von oben nach unten verlaufende, charakteristische Schichtung, die nicht zuletzt von dem zur Bodenbildung anstehenden Gestein und dem dort herrschenden Klima geprägt wird.

a) Welche physikalischen und chemischen Einflüsse tragen zur Bodenbildung bei?
b) Was versteht man überhaupt unter dem Begriff „Boden"?
c) Erläutern Sie Abb. 20 und erklären Sie die genannten Fachbegriffe!

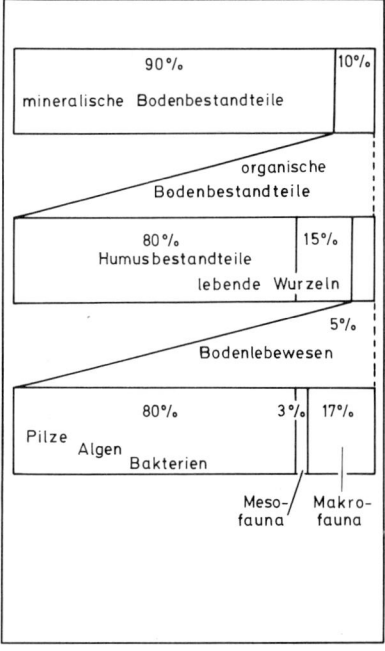

Abb. 20 Zusammensetzung des Laubwaldbodens (nach MIRAM, 1981, p. 192)

(2) Die Bodenschichten

Die Bodenschichten unterscheiden sich vor allem durch den **Humusanteil.** Im Ausgangsgestein (C-Horizont mit festem oder mechanisch zerkleinertem Material) sind z. B. Eisen-, Aluminium- oder Manganverbindungen in unterschiedlicher Konzentration vorhanden; durch die Humusbildung und die Tätigkeit der Wurzeln werden hieraus bestimmte Anteile freigesetzt, die den Bodentyp bestimmen. Auf Kalkgrund kann z. B. die Freisetzung von Eisen und die Neubildung von Tonmineralien zur Braunerde führen (Bodentyp des gemäßigten Laubwaldklimas in Europa; sog. B-Horizont), auf Sandsteinuntergrund entsteht z. B. „Bleicherde" durch Auslaugung von Eisen- und Aluminiumverbindungen. Abhängig von der aufgelagerten Laub- oder Nadelwaldstreu und der Tätigkeit der Bodenlebewesen entsteht der A-Horizont (Oberboden mit organischer Substanz), der unterschiedlichen Nährstoffgehalt und damit auch pH-Wert aufweist.

Abb. 21 Abhängigkeit der waldbildenden Baumarten der submontanen Höhenstufe Mitteleuropas von Bodenfaktoren (nach ELLENBERG, 1978, verändert)

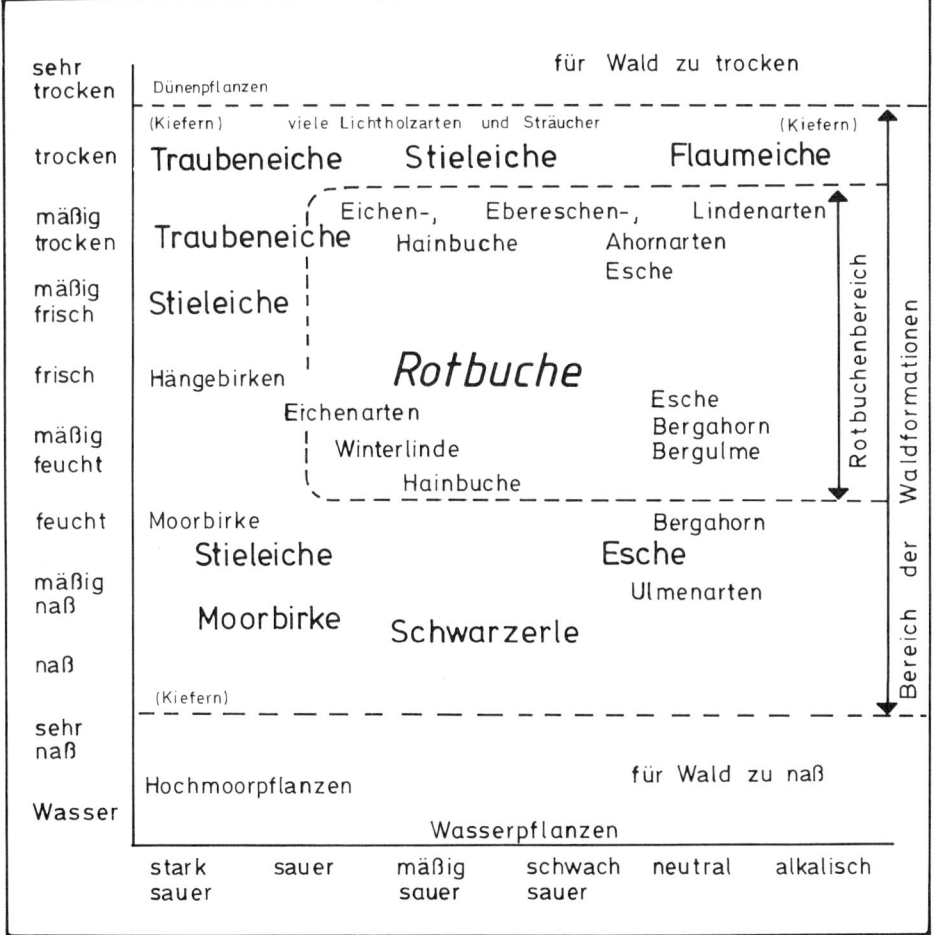

a) Zeichnen Sie ein Bodenprofil für die beiden genannten Fälle und erläutern Sie die Schichtung!
b) Je nach Bodenart unterscheiden sich die Korngrößen, so daß das Wasser mehr oder weniger gut abfließen kann. Davon abhängig ist auch die im Porensystem des Bodens vorhandene Luft. Welche Folgen hat dies auf die Zusammensetzung der Bodenlebewesen?
c) In der oberen Bodenschicht kann man im Vergleich zur Luft einen höheren Anteil von Kohlenstoffdioxid feststellen. Worauf ist dies zurückzuführen?
d) Bakterien, die Cellulose-spaltende Enzyme besitzen, können sich nur vermehren, wenn ausreichend Stickstoff vorhanden ist. Wodurch kann demnach der Zersetzungsprozeß im Boden beschleunigt werden?

(3) *Die Bodenbeschaffenheit beeinflußt das Pflanzenwachstum*

Die Verbreitungsmöglichkeiten und Standortverhältnisse von Pflanzen werden häufig wie folgt beschrieben: Sauerklee liebt humusreiche, etwas saure Böden und ist schattenliebend; Heckenrosen gedeihen an Waldrändern auf lockerem Boden; die Zypressenwolfsmilch kommt auf „Trockenrasen", mageren Wiesen und an Wegrändern vor; die Sumpfdotterblume liebt nasse Wiesen und nährstoffreiche Uferbereiche; Brennesseln sind sog. „Stickstoffzeiger" und wachsen z. B. an Komposthaufen; der Queller ist eine charakteristische Pflanze des Schlickwatts.
a) Welche **Bodenfaktoren** tragen dazu bei, daß in einem bestimmten Gebiet (z. B. der Rhön) auf einem bestimmten Boden (z. B. dem Hochmoor) nur eine bestimmte **Pflanzengesellschaft** zusammenkommt?
b) Welche Standortbedingungen für die verschiedenen waldbildenden Baumarten lassen sich aus Abb. 21 ablesen?

E. Weitere abiotische Faktoren und deren Zusammenwirken

(1) *Weitere abiotische Faktoren*

Neben den Faktoren Wasser, Licht, Temperatur und Boden gibt es noch zahlreiche weitere Faktoren, die entweder von den bisher betrachteten, wesentlichen Einflüssen hergeleitet werden können oder auch ganz neue Gesichtspunkte einbringen. Dies sind z. B. Windverhältnisse, die Einwirkung des Schwerefeldes, chemische Faktoren (pH-Wert oder Salinität, Sauerstoff- oder Kohlenstoffdioxidgehalt), anthropogene Faktoren (gasförmige, flüssige oder feste Schadstoffe, die auf das Biotop einwirken; Abwärme, Lärm, usw.), Geländetyp (z. B. Zonierung der Pflanzenwelt auf der Alpennordseite, Abb. 22).
a) Ermitteln Sie, welche abiotischen Faktoren aus dem Einführungsbeispiel „Wasserfrosch" bisher noch nicht besprochen wurden!
b) Erläutern Sie, welche Faktoren zur Zonierung der Pflanzen auf der Alpennordseite führen!

Abb. 22 Höhenzonierung der Pflanzenwelt im Hochgebirge (aus LINDER, 1971, p. 31)

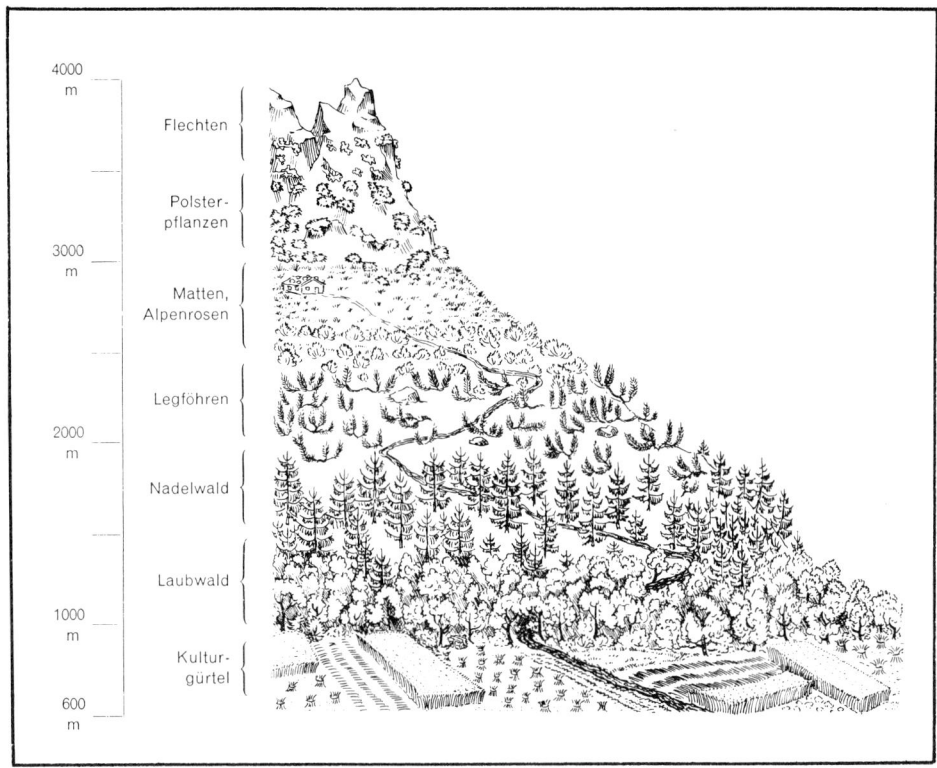

(2) *Wirkungsweise der Umweltfaktoren*

Abiotische Umweltfaktoren begrenzen die Existenz einer Art an einem Ort; für alle Lebewesen gibt es z. B. bestimmte, im Einzelfall unterschiedliche Temperaturgrenzen, bei deren Über- oder Unterschreiten die Lebensmöglichkeit aufhört. Im Gegensatz dazu setzen biotische Faktoren nur eine Grenze (z. B. ein Minimum an Nahrung oder ein Maximum an natürlichen Feinden). Von den Umweltfaktoren kann aber nicht nur eine limitierende, sondern auch eine anpassende Wirkung ausgehen (z. B. modifikatorische Wirkung auf das Individuum oder Auslese bestimmter Individuen und damit Veränderungen auf Populationsebene). Weiterhin können die Umweltfaktoren stimulierend wirken, d. h. Fortpflanzung, Entwicklung, Wachstum und Verhalten auslösen. Letztendlich sind die Auswirkungen der Umweltfaktoren von der ökologischen Potenz des Organismus abhängig: **euryöke** Tiere oder Pflanzen können in einem weiten Bereich leben und sich schnell anpassen, während **stenöke** Arten Spezialisten sind, die auf ihren spezifischen Lebensraum sehr gut eingestellt, damit aber auch eingeengt sind. Die Vorsilbe „eury" wird bei Betrachtung bestimmter Faktoren jeweils dann benutzt, wenn ein weiter Toleranzbereich vorliegt und entsprechend die Vorsilbe „steno", wenn der Toleranzbereich eng ist: eurytherm (bezogen auf die Temperatur) oder stenohalin (bezogen auf den Salzgehalt).

a) Erklären Sie mit den hier erläuterten Fachbegriffen die Abb. 23!
b) Verfrachtet man eine Bachforelle in ein Warmwasseraquarium, stirbt sie innerhalb kürzester Zeit; Seerosen in einem Meerwasseraquarium überleben den Ausfall des Temperaturreglers (i. a. auf etwa 26° C eingestellt). Wie würden Sie den jeweiligen Toleranzbereich bezeichnen?

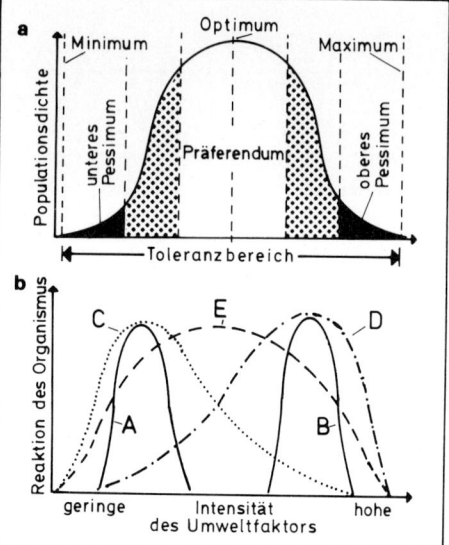

Abb. 23 Abhängigkeit der Populationsdichte von der Intensität eines Umweltfaktors

(3) *„Gesetz vom Minimum"*

Bei der Photosynthese ist der Kohlendioxidgehalt der Luft i. a. der Faktor, der die Photosyntheserate limitiert, d. h. erhöht man den CO_2-Gehalt der Luft, wird eine Ertragssteigerung erzielt. In Anlehnung an derartige Beziehungen formulierte man ursprünglich das Gesetz vom Minimum derart, daß man vereinfacht sagen könnte: „Eine Kette ist so stark wie ihr schwächstes Glied." Hier bedeutet dies: die Umweltfaktoren, die auf einen Organismus einwirken, können nicht isoliert betrachtet, sondern müssen als Faktorenkomplex behandelt werden. Dieser hat die Grenze seiner Wirksamkeit dann erreicht, wenn einer der Faktoren ins Pessimum gerät. Trotzdem findet man nicht immer den Optimalbereich durch eine bestimmte Pflanzen- oder Tierart besetzt. Zunächst führte diese Erkenntnis zu einer allgemeinen Fassung des **Minimum-Gesetzes:** Nach dem „Prinzip der relativen Effektivität der Umweltfaktoren ist die Wirksamkeit eines Umweltfaktors um so größer, je weiter seine Intensität vom Optimum entfernt ist und innerhalb eines Faktorenkomplexes ist jeweils derjenige Faktor am wirkungsvollsten, der am weitesten vom Optimum entfernt ist" (nach SCHWERDTFEGER, 1978, p. 151). Weiterhin muß man aber auch beachten, daß nicht nur die abiotischen Faktoren allein für die Verbreitung einer Art maßgebend sind; als weiterer Faktor wirkt sich auch die Konkurrenz mit anderen Organismen aus, die ähnliche Standortansprüche haben (siehe biotische Faktoren).

Erläutern Sie diesen Text und verwenden Sie hierzu auch die Abbildung auf Seite 11 des Lösungsheftes („Liebig-Faß")!

IV. Teil: Wirkung biotischer Faktoren auf den Organismus

A. Beispiel Feldhase

(1) *Vorbemerkungen*

Das Zusammenwirken der abiotischen Faktoren charakterisiert das **Biotop** (gr. bios = das Leben; topos = der Ort). Für eine bestimmte Art ist das Biotop gleichsam die Adresse, unter der sie in der Natur zu finden ist. Ob und in welcher Häufigkeit sie tatsächlich in dem betreffenden Biotop vorkommt, das wird auch entscheidend von den übrigen Arten, die diesen Lebensraum bewohnen, d. h. auch von den biotischen Faktoren, mitbestimmt, da die Organismen ja nicht allein in ihrem Lebensraum leben. Außer den Artgenossen gibt es stets mehrere verschiedene Pflanzen- und Tierarten, die mittelbar oder unmittelbar auf den betrachteten Organismus einwirken (vgl. Abb. 1). Ein Biotop wird daher von einer charakteristisch zusammengesetzten Lebensgemeinschaft besiedelt, die man als **Biozönose** bezeichnet; diese wird durch bestimmte Charakterarten (siehe z. B. Zeigerpflanzen auf bestimmten Böden) gekennzeichnet. Die Untersuchungen der Beziehungen in einer Biozönose sind wesentlicher Forschungsgegenstand der Synökologie. Die Wechselbeziehungen zwischen den Lebewesen, die zur gleichen Zeit den gleichen Lebensraum besiedeln, lassen sich in interspezifische (Beziehungen zwischen artfremden Individuen) und intraspezifische (Beziehungen zwischen den Lebewesen der gleichen Art) gliedern. Besonders wichtig sind dabei die Nahrungsbeziehungen.

(2) *Die Umwelt des Feldhasen*

Hasen und Kaninchen bilden zusammen die Ordnung der Lagomorpha (Hasenartige), die sich von den eigentlichen Nagetieren durch zwei Paar obere Schneidzähne unterscheiden, während die Nager nur ein Paar haben. Die meisten Angehörigen dieser Ordnung sind auch durch lange Ohren und gutentwickelte Hinterbeine gekennzeichnet, die sie zu sehr schnellen Läufern machen. Der europäische Feldhase bewohnt als Einzelgänger in 21 Unterarten Europa von den Pyrenäen bis zum Ural sowie von Großbritannien bis Kreta. Über die Balkanhalbinsel und Kleinasien breitet er sich z. T. bis nach Ostafrika aus. Seine ungewöhnliche Anpassungsfähigkeit ermöglicht es ihm, sich in fast jedes Gelände und jede Vegetationsebene einzuleben. Durch Siedler eingeschleppt, kommt er z. B. in Australien und Neuseeland vor; seit etwa 1910 lebt er auch im Nordosten der Vereinigten Staaten und in Argentinien.

Der Hase bewohnt am liebsten das Feld, von dessen Pflanzen er sich ernährt; bei tiefem Schnee nagt er oft die Rinde junger Bäume und Sträucher ab und richtet dadurch manchen Schaden an. Er ist dem Kaninchen ähnlich, wird aber größer als dieses und doppelt so schwer. Seine Hinterbeine sind länger und stärker und seine Ohrmuscheln überragen, nach vorne gelegt, die Schnauze. Der Bereich des Feldes, in dem er geboren wurde, bleibt – sofern ihn nicht der Hunger vertreibt – auch im weiteren Leben sein Territorium. Als ehemaliger Steppenbewohner tarnt er sich durch Fellfarbe und Verhalten (Ducken); ist ein Verbergen nicht mehr möglich, so kann er blitzschnell und u. U. auch Haken schlagend davonrennen. Er besitzt keinen unterirdischen Bau wie das Kaninchen, sondern ruht in einer flachen Grube („Sasse"), die er mit starken Krallen ausscharrt oder in Feldgehölzen bzw. Ackerfurchen. Ähnlich einfach ist auch die kaum gepolsterte Erdmulde ausgestattet, in der die Jungen die erste Woche zubringen. Sie kommen gut sehend und hörend, völlig behaart und sehr weit entwickelt nach einer Tragzeit von 42 Tagen auf die Welt und werden nur 3 Wochen gesäugt. Ab der vierten Lebenswoche sind die Junghasen ganz auf sich allein

gestellt; die im März geborenen haben im Herbst schon selbst wieder Nachwuchs. Die alte Häsin kann in einem Jahr bis zu 4mal 2–5 Junge bekommen. Die im Februar beginnende Paarungszeit ist der einzige Zeitraum, in dem sich die Hasen an bestimmten Plätzen zusammenrotten; die Männchen gehen nicht selten mit kräftig trommelnden Vorderpfoten aufeinander los, treten mit den Hinterbeinen und beschießen sich mit wohlgezielten Harnstrahlen. Der in einem solchen Kommentkampf siegreiche Rammler verläßt die Häsin sofort nach der Begattung und kümmert sich um die Nachkommen überhaupt nicht. Bei schlechtem Wetter gehen viele der Jungtiere zugrunde; besonders im zeitigen Frühjahr werden die Würfe nicht selten ganz vernichtet. Ein großer Teil fällt den Greifvögeln, Krähen, Mardern, Füchsen, wildernden Hunden und Katzen zum Opfer. Obwohl er zahlreiche Feinde hat und unser wichtigstes Jagdwild ist, bewahren ihn seine Schutzfarbe, seine Schnelligkeit und seine starke Vermehrung vor der Ausrottung. Ein ausgewachsener Hase beansprucht ein Gebiet von mindestens 1700 m². Bei Versuchen wurde festgestellt, daß ein gefangener und wieder freigelassener Hase volle 460 km zurücklegte, um wieder in sein früheres Territorium zurückzukehren. Feldhasen können ebenso wie Kaninchen von einer Viruskrankheit befallen werden (Myxomatose); dies kann die Populationsdichte in kürzester Zeit verringern. Ebenso können die Jahre, in denen die Greifvögel, Elstern und Krähen sehr viele Nachkommen haben, zu einer Verringerung der Hasenbestände führen. Die Schwankungen sind um so stärker, je artenärmer das Biotop ist (z. B. Monokulturen der Äcker und Wiesen).

(3) *Aufgaben*

    a) Analysieren Sie die Umwelt des Feldhasen entsprechend dem Schema aus Abb. 1!
    b) Welche bereits bekannten, abiotischen Faktoren werden im Feldhasenbeispiel angesprochen?
    c) Welche biotische Faktoren kommen neu hinzu?
    d) Gliedern Sie die biotischen Faktoren nach intra- und interspezifischen Beziehungen und erläutern Sie sie jeweils kurz!

B. Intraspezifische Beziehungen

(1) *Mögliche Wechselwirkungen*

Die Wechselwirkungen unter Tieren der gleichen Art beziehen sich auf folgende Ebenen: Geschlechtspartner, Nachkommen und möglicherweise Tiergesellschaften (Verbände). Die Beziehungen während des Fortpflanzungsgeschehens können – wie im Beispiel Feldhase deutlich wird – einen kurzen Kontakt darstellen, aber auch je nach dem artspezifischen Paarungsverhalten zu **Saison- oder Dauerehen** führen. Ebenso unterschiedlich können die Beziehungen zu den Nachkommen sein; zahlreiche Tiere betreiben nur **Brutfürsorge,** d. h. sie bringen die Eier an solchen Orten unter, die für die Entwicklung günstige Bedingungen aufweisen. Eine eigentliche Beziehung zu den Nachkommen kann erst in der **Brutpflege** zustande kommen, wenn die Jungtiere z. B. gefüttert, gepflegt und transportiert werden. Bleiben dabei die Familienmitglieder über längere Zeit oder auch mehrere Generationen zusammen, so kommen **individualisierte Verbände** (siehe z. B. Wolfsrudel) zustande, in denen sich die Tiere persönlich kennen und die meist eine ausgeprägte Sozialstruktur (zu den verschiedenen Rangordnungen siehe Heft Verhalten) besitzen. Im Gegensatz dazu findet man auch **anonyme Verbände,** in denen sich die Tiere nicht individuell kennen; sie können sich entweder aufgrund äußerer Umstände zufällig bilden (Schlafgesellschaften der Saatkrähe) oder nur bestimmte Zeiträume und Entwicklungsstadien umfassen (z. B. „Junggesellenschwärme" der Stichlinge). Eine Sonderstellung nehmen die **Tierstaaten** der Bienen, Ameisen oder Termiten ein. Hier kennen sich die Tiere zwar auch nicht individuell, sind aber genetisch eng verwandt, können miteinander kommunizieren und die Angehörigen des eigenen Volkes werden an einem spezifischen Geruch identifiziert.

(2) *Aufgaben*

    a) Erläutern Sie, welche Form der Wechselbeziehung im Beispiel Feldhase auf jeder dieser Ebenen vorliegt und welche anderen Formen Ihnen z. B. von Vögeln, Fischen, weiteren Säugern wie Affen, Wölfen oder Löwen und evtl. von Insekten bekannt sind.
    b) Angehörige einer Population stellen die gleichen Umweltansprüche. Sie stehen daher in einem dauernden Wettbewerb um Nahrung, Wohnraum oder Geschlechtspartner. Bei steigender Populationsdichte führt diese **intraspezifische Konkurrenz** zu einer steigenden Sterberate, sinkenden Geburtenziffern und verstärkten Abwanderungen. Welche Verhältnisse liegen im Beispiel Feldhase vor?

c) Warum kann **Territorialität** und **Revierbildung** in einem optimalen Lebensraum zu einer relativ konstanten Populationsdichte führen (siehe hierzu auch Teil V, Populationsökologie)?

C. Interspezifische Beziehungen

(1) *Mögliche Wechselwirkungen*

Die Wechselwirkungen, die sich zwischen den Individuen verschiedener Arten in einer Biozönose ausbilden, sind ebenfalls drei Ebenen zuzuordnen (nach SCHÄFER/ TISCHLER, 1983, p. 47; Bisysteme):
- **Antibiosen** (eine der beiden Arten hat dabei stets einen Nachteil aus dieser Beziehung); hierzu gehören interspezifische Konkurrenz und Feind-Beute-Beziehung in Form von Räubertum (Episitismus) oder Schmarotzertum (Parasitismus; Beispiele dazu, siehe Teil D).
- **Parabiosen** (eine Art hat stets einen Vorteil; die andere Art wird weder geschädigt noch hat sie einen Vorteil, sie schafft aber durch ihr Vorhandensein oder ihr Verhalten der anderen Art erst die Lebensbedingungen); hierzu gehören „Nachbarschafts-Vergesellschaftung" (s. u.), Einmietung in Nester u. ä., permanentes Aufsiedeln und vorübergehende Transportbeziehungen sowie Einmietung in Körperhöhlen.
- **Symbiose** im weiteren Sinn (beide Arten haben einen Vorteil aus dem Zusammenleben, z. T. sind sie sogar auf das Zusammenleben angewiesen); hierzu gehören die lockere Partnerschaft (Allianz), das kurzfristige, wechselseitige Nutznießertum (Mutualismus) und das lebensnotwendige Zusammenleben (Symbiose i. e. S.).

(2) *Beispiele zu den genannten Beziehungen*
- Algen und Pilze bilden den Lebensformtypus Flechten (Lichenes);
- einzellige Geißeltierchen leben im Darm von Termiten und bewerkstelligen die Holzverdauung;
- Blattschneiderameisen halten sich in ihrem Bau eine Pilzkultur zum Zersetzen der Blätter (die auskeimenden Pilze stellen die eigentliche Nahrung dar);
- die mit Bakterien gefüllten Wurzelknöllchen der Leguminosen sorgen für eine Stickstoffanreicherung;
- viele Pilze findet man nur unter bestimmten Baumarten;
- drei Arten der Pantoffeltierchen (Paramecium aurelia, P. caudatum und P. bursaria) gedeihen in einem Heuaufguß; einzeln oder zusammen gehalten zeigen sie verschiedene Vermehrungskurven (Abb. 24);

- Vögel oder Säuger verbreiten Samen, die in schmackhafte Beeren oder Steinfrüchte eingeschlossen sind; die Blütenbestäubung erfolgt durch nektar- und pollenfressende Tiere; ein Einsiedlerkrebs, der in leeren Schneckenhäusern lebt, nimmt seine Seerose selbst bei einem „Umzug" in ein größeres Haus mit;
- Schneehase und Luchs zeigen Schwankungen in der Populationsdichte, die zur Formulierung der VOLTERRAschen Gesetze führten (Abb. 25);
- in Abb. 27–29 sind verschiedene Beispiele für Entwicklungszyklen angegeben, bei denen ein oder mehrere Zwischenwirte verschiedene Entwicklungsstadien eines Organismus beherbergen; siehe auch Teil D;
- den Kuhreiher (einen Vogel!) findet man häufig auf dem Rücken von Dickhäutern; er befreit diese von Ungeziefer und genießt selbst Nahrung und Schutz;
- manche Fische und Garnelen suchen regelmäßig die Tentakelkrone (mit wehrhaften Nesselzellen besetzte Fangarme) großer Seeanemonen auf; das Weibchen des Bitterlings legt seine Eier mit einer langen Legeröhre in die Zwischenräume der Kiemenlappen von Teichmuscheln;
- die Entenmuschel (ein Kleinkrebs) sitzt mit einem biegsamen Stiel an Steinen, Hölzern und Schiffskielen ebenso, wie sich die Seepocken (ähnlich einem Napfkuchen oder Vulkankegel) auch auf Muscheln oder Krebsen anheften;
- Schneehühner leben in der Nähe von Rentieren, um an die Vegetation zu gelangen, die diese unter dem Schnee hervorgekratzt haben;
- Schiffshalterfische heften sich mit

Abb. 24 Kulturversuche mit drei verschiedenen Paramecien-Arten (nach LIBBERT, 1976, p. 425)

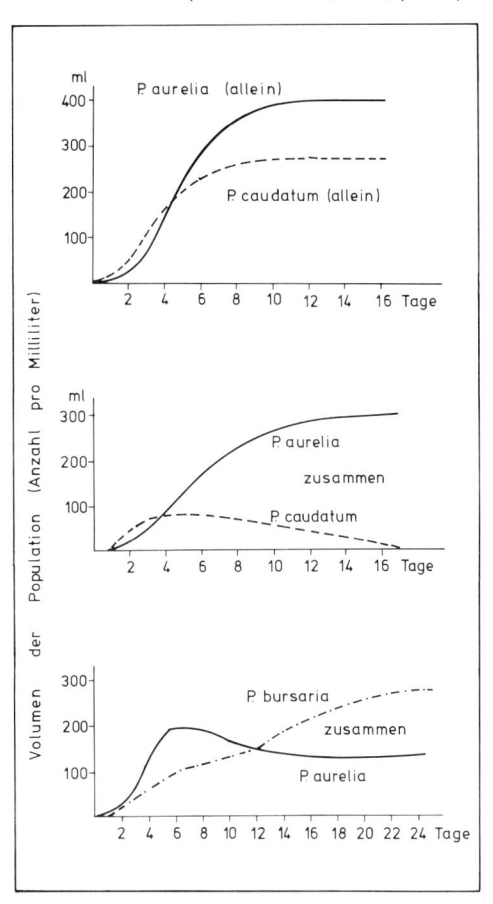

Haftscheiben an größere Transporttiere an; der Käfer Antherophagus klammert sich an den Rüssel einer Hummel an und legt seine Eier im Hummelnest ab;
- die Ameisenart Formicoxenus nitidulus (braunglänzende Gastameise) lebt im Nest von Formica rufa (große rote Waldameise), ohne von ihrer Gastgeberin beachtet zu werden.
a) Analysieren Sie die einzelnen Beispiele und ordnen Sie sie den unter (1) genannten Wechselbeziehungen zu!
b) Erläutern Sie die **VOLTERRAschen Gesetze!**

(3) *Räuber-Beute- und Konkurrenzbeziehungen*

In dem unter (A, 2) genannten Beispiel „Feldhase" ist auch das Kaninchen erwähnt, das mindestens ebenso anpassungsfähig wie der Feldhase ist. Außerdem deckt sich sein Verbreitungsgebiet im großen und ganzen mit dem des Feldhasen. Ein Beispiel für seine explosionsartige Vermehrung findet man in Australien, wo die Tiere bei ihrer Ankunft über Siedlerschiffe keine natürlichen Feinde vorfanden. 29 Kaninchen, die im Jahre 1859 von einem Farmer im Park der Hafenstadt Geelong ausgesetzt wurden, vermehrten sich innerhalb kürzester Zeit derart, daß die erbosten Nachbarn dieses Farmers bereits 3 Jahre später 20 000 Tiere dieses neuen Jagdwildes erlegten. Im Gegensatz zum Hasen gräbt das Wildkaninchen meist einen Bau, in dem die Tiere in größeren Gesellschaften zusammenleben. Der Speiseplan ähnelt dem des Feldhasen.

Abb. 25 VOLTERRA-Gesetze (nach HAFNER, 1978, p. 43)

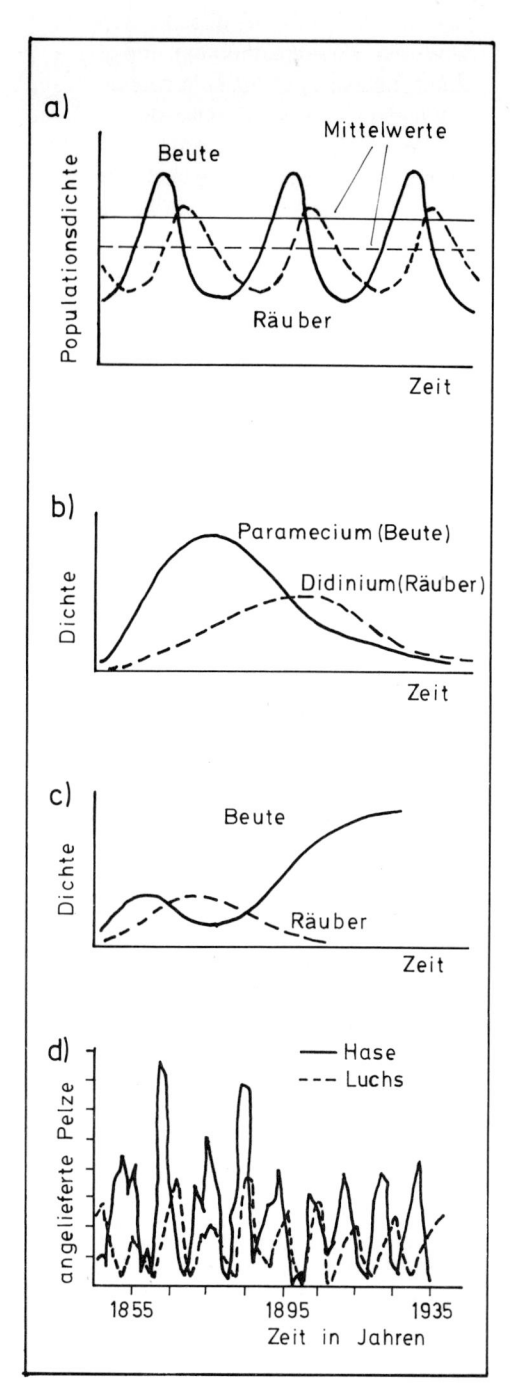

a) Um welche Art der interspezifischen Beziehung handelt es sich beim Feldhasen-Wildkaninchen-Beispiel?
b) Welche weiteren interspezifischen Beziehungen ergeben sich aus diesem Beispiel?
c) Für das Gleichgewicht innerhalb eines Ökosystems ist es von großen Nachteil, wenn der Mensch „fremde", d. h. nicht natürlich aus dem System erwachsene, Arten einsetzt. Begründen Sie dies!

(4) *Die Funktion der Schutztrachten*

In der Räuber-Beute-Beziehung haben Schutzeinrichtungen aller Art eine besondere Bedeutung und häufig zu erstaunlichen morphologischen, physiologischen und z. T. sogar ethologischen Anpassungen geführt. Am besten ist das **optische Schutzverhalten** untersucht (vgl. Abb. 26), das neben der mechanischen Abwehr durch ein Stachelkleid oder einen festen Panzer bzw. der chemischen Abwehr durch giftige oder abschreckende Sekrete eine besondere Rolle spielt.
a) Welche Unterschiede bestehen zwischen den Beispielen der Abb. 26?
b) Mit welchen Mechanismen läßt sich die Entstehung solcher Schutztrachten erklären?
c) Im Fall der Mimikry hängt der Schutz der Nachahmer (und der Nachgeahmten) davon ab, daß die ungenießbare Art weit häufiger vorkommt. Ermitteln Sie die Gründe!

Abb. 26 Optische Schutztrachten (aus REMANE, 1985, p. 344)

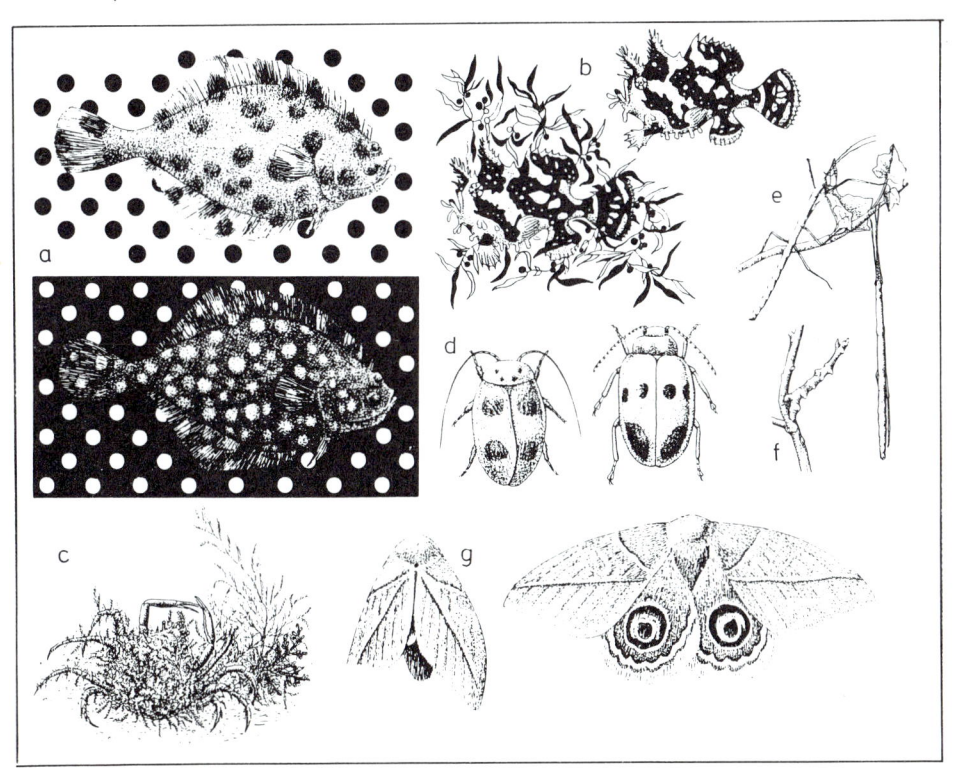

D. Anpassungsmechanismen beim Parasitismus

(1) *Abgrenzung gegen andere interspezifische Beziehungen*

Parasiten sind solche Lebewesen, die vorübergehend oder ständig auf oder in einer anderen Organismenart (Wirt) leben. Der Wirt ist in der Regel größer als der Parasit; zahlreiche Parasiten können einen Wirtsorganismus besiedeln und nutzen ihn mehrfach aus.
a) Wodurch unterscheidet sich der Parasit vom Räuber?
b) Welche Unterschiede bestehen zu Symbionten?
c) **Parasitoide** sind Organismen, die ihren Wirt schon während der Entwicklung töten; so entwickeln sich die Larven der Schlupfwespen in den Larven anderer Insekten; das Wirtstier wird vor dem Erreichen der Vermehrungsfähigkeit – meist sogar noch viel früher – getötet. Wodurch unterscheiden sich demnach Parasiten und Parasitoide?
d) In der biologischen Schädlingsbekämpfung werden Parasiten oder Parasitoide zu „Nützlingen". Erklären Sie diesen scheinbaren Widerspruch!

(2) *Bedeutung des Wirts- und Generationswechsels*

Zahlreiche Parasiten wie z. B. die Bandwürmer, der Leberegel, der Malariaerreger oder der Erreger der Bilharziose verbringen unterschiedliche Entwicklungsstadien in verschiedenen Tieren **(Wirtswechsel)**. Häufig kommt hierzu noch ein sog. **Generationswechsel:** hier vermehrt sich eine Generation bisexuell (wobei mit dieser Art der Fortpflanzung nicht immer eine Vermehrung verbunden sein muß); nach dieser geschlechtlichen Fortpflanzung erfolgt dann in der nächsten Generation eine ungeschlechtliche (z. B. durch Sporen oder bei Vielzellern durch spezielle, vielzellige Fortpflanzungskörper). Eine andere Form des Generationswechsels (die als Heterogonie bezeichnet wird) findet man häufig bei Läusen (siehe Abb. 17 auf Seite 23 des Übungsheftes): hier folgen die zweigeschlechtlichen und zahlreiche parthenogenetische Fortpflanzungen aufeinander.
a) Erklären Sie die neuen Begriffe und informieren Sie sich über den Ablauf der genannten Krankheiten!
b) Erläutern Sie anhand der Abb. 27 und 28, wo hier Wirts- und Generationswechsel auftreten!
c) Welche Vor- und Nachteile bieten diese speziellen Vermehrungszyklen?
d) Trotz der riesigen Zahl der im Verlauf eines Entwicklungszyklus produzierten Vermehrungsstadien haben weder die Parasiten die Erde überschwemmt noch sind ihre Wirte oder die Parasiten ausgestorben. Wie läßt sich das Entstehen eines Gleichgewichts erklären?

(3) *Besondere Formen des Parasitismus*

Beispiele für pflanzliche Parasiten sind Mehltaupilze, die Rost- und Brandpilze und zahlreiche Bakterien, deren Wirkung weniger auf der Wegnahme von Nahrung als vielmehr auf der Abscheidung giftiger Stoffwechselprodukte beruht. Häufiger sind jedoch tierische Parasiten, die Mensch oder Tier als Wirt besitzen. Hierbei unterscheidet man wiederum solche, die keine lebensnotwendige Bindung an einen Wirt haben und (meist im Wechsel) auch auf totem Substrat leben können (fakultative P.) von solchen Parasiten,

Abb. 27 Entwicklungszyklus des Lanzettegels (nach STARK/FIEDLER, 1981, p. 788)

Der kl. Leberegel ist 5–12 mm groß, hat 2 Zwischenwirte (Landschnecke, Ameise) und ist in Europa, Asien, Amerika beheimatet; als Endwirte treten auf: Rind, Schaf, Reh, Kaninchen und selten der Mensch.

1. Der zweigeschlechtliche **Lanzettegel** lebt in den Gallengängen des Schafs
2. Die besamten und mit Dotterzellen versehenen Eier sind von einer Schale umgeben und werden mit dem Kot nach außen abgegeben
3. Das **Ei** wird von der Schnecke, der faulende Pflanzenteile als Nahrung dienen, aufgenommen
4. Im Darm der Schnecke entwickelt sich die **Flimmerlarve** (Miracidium)
5. Diese wandert in die Mitteldarmdrüse der Schnecke und entwickelt sich dort zur **Sporocyste** 1. Ordnung (ungeschlechtliche Vermehrung)
6. In der Leibeshöhle der Schnecke entstehen dann wiederum ungeschlechtlich aus den Keimballen Sporocysten 2. Ordnung
7. Aus ihr gehen zahlreiche **Schwanzlarven** (Cercarien) hervor, die über das Venensystem zur Atemhöhle der Schnecke kommen
8. Von dort werden sie – abgekapselt und in Schleimballen gehüllt – ausgestoßen
9. Die Schleimballen bleiben an Pflanzen kleben und werden von Ameisen gefressen
10. Im Kropf der Ameise werden die Cercarien frei, durchbrechen die Darmwand und entwickeln sich in der Leibeshöhle zu sog. **Metacercarien** (11–13)
11. Eine Cercarie wandert ins Gehirn der Ameise („Hirnwurm"); dadurch erklettert die befallene Ameise eine Pflanze, verbeißt sich in die endständigen Blätter und sichert somit die Aufnahme in den pflanzenfressenden Endwirt.

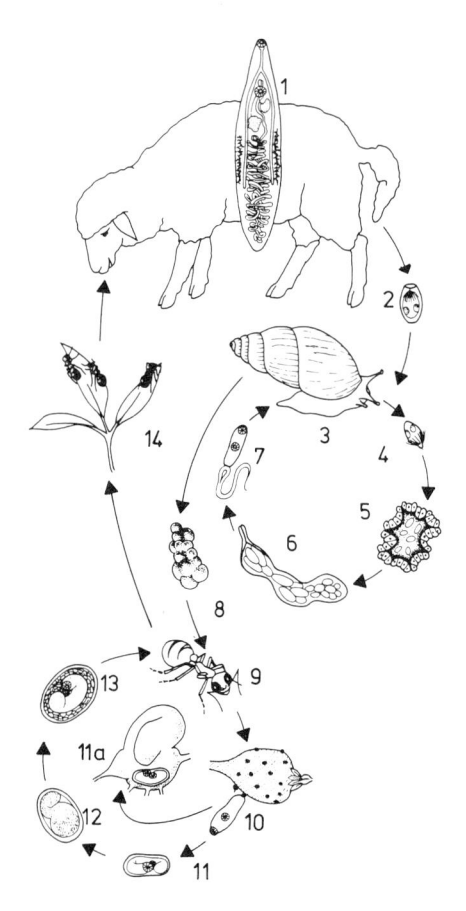

Abb. 28 Entwicklungszyklus des Malaria-Erregers (nach DÖNGES, 1980, p. 105, verändert)

1. Das Sumpf- oder Wechselfieber wird durch einen **Einzeller** (Plasmodium) erzeugt, der von der Anopheles-Mücke beim Stich übertragen wird
2. Die sichelförmigen **Sporozoiten** sind die infektiösen Stadien, die auf dem Blutweg in die Leberzellen gelangen; sie können dort über 2–3 Jahre hinweg unentwickelt bleiben oder sofort in die ungeschlechtliche Vermehrung eintreten
3. In den Leberzellen entstehen durch zahlreiche Vielfachteilungen sog. **Merozoiten** (Leber-Schizogonie)
4. Die Merozoiten dringen in die roten Blutkörperchen ein und machen dort ebenfalls zahlreiche Vielfachteilungen durch (Blut-Schizogonie); die Schritte 3 und 4 können sich jeweils mehrfach wiederholen; beim Zerfall der roten Blutkörperchen bleiben Restkörper zurück, die die Fieberanfälle (je nach Art im 48- oder 72-Stunden-Abstand oder unregelmäßig) hervorrufen
5. Aus einigen Merozoiten entstehen geschlechtlich differenzierte Formen, die bevorzugt in den peripheren Blutbahnen vorkommen, so daß sie beim Stich der Mücke eingesaugt werden
6. Im Magen-Darm-Kanal der Mücke werden die **Keimzellen** frei, reifen und verschmelzen
7. Die entstehende, bewegliche **Zygote** durchbohrt die Darmwand und wächst an der Außenseite zur sog. Oocyste heran, in deren Innern zahlreiche Sporozoiten gebildet werden
8. Diese wandern durch die Hämolymphe zur Speicheldrüse der Mücke

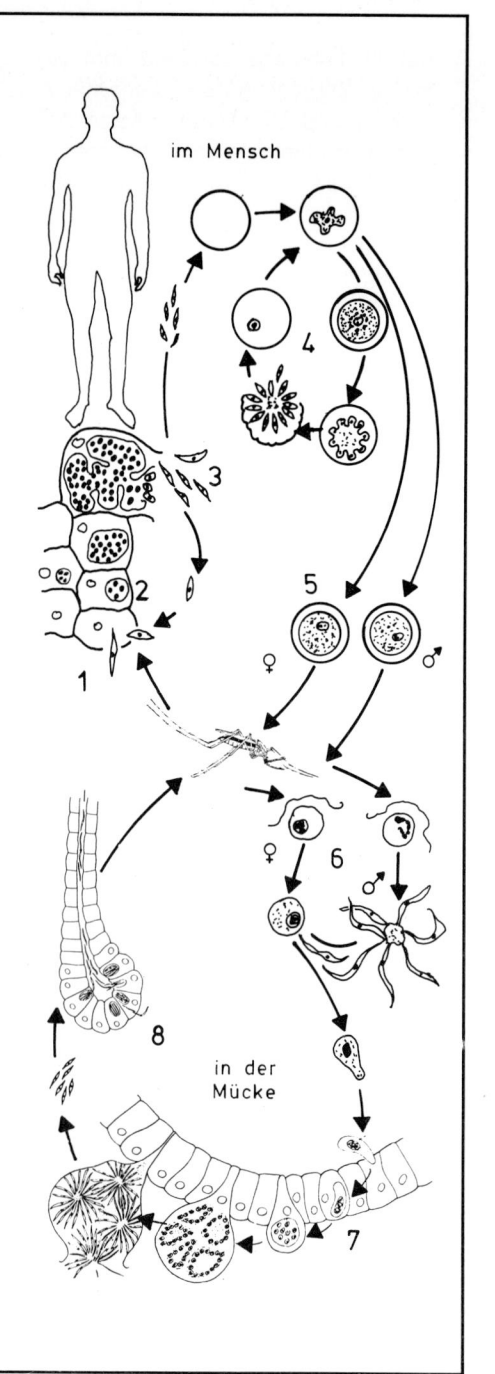

Abb. 29 a) Insekten und Spinnenähnliche als Parasiten (nach STARK/FIEDLER, 1981, p. 803 ff.)
b) Die Parasiten des Menschen (nach MIRAM, 1981, p. 183)

zu a) **Arthropoden als Parasiten**
1. **Krätzmilbe:** erzeugt die Krätze; lebt in Bohrgängen der Haut; ernährt sich dort von Epidermiszellen und Lymphe
2. **Haus- und Futtermilben:** keine Parasiten, aber Hygieneschädlinge; können Allergien verursachen; leben von Nahrungsmitteln
3. **Zecken:** Blutsauger, die Mikroorganismen übertragen (z. B. Hirnhautentzündung)
4. **Wanzen:** temporäre Blutsauger, die ihre Wirte nachts von ihren Schlupfwinkeln aus anfallen
5. **Flöhe:** als Larven keine Parasiten; Erwachsene sind temporäre Blutsauger und Krankheitsüberträger (z. B. Pest)
6. **Läuse:** stationäre Blutsauger; Krankheitsüberträger (z. B. Rickettsien: Fleckfieber)
7. **Stechmücken:** Larvenentwicklung z. T. im Wasser; größere Blutsauger; vor allem in warmen Gebieten Krankheitsüberträger (Gelbfieber, Malaria)

zu b) **Parasiten des Menschen**

Parasitenarten:
1. Viren
2. Bakterien
3. Einzeller
4. Plattwürmer
5. Fadenwürmer
6. Arthropoden
7. Pilze

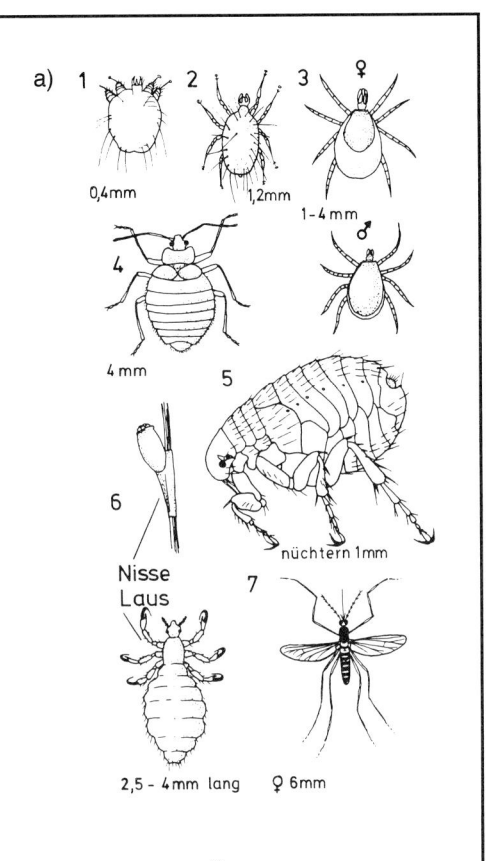

Haar
6 Kopflaus

Blut
6 Stechmücke
Bettwanze
Tsetsefliege
Flöhe
7 Mykosen
3 Schlafkrankheit
Malaria

Lunge
2 Tuberkulose
Lungenentzündung

Leber
1 Hepatitis
4 Leberegel

Darm
5 Spulwurm
3 Ruhr
2 Cholera

Venen
4 Bilharziose

Gehirn
2 Syphilis
Gehirnhautentzündung
4 Bandwurmcysten

Nasen-Rachen-Raum
2 Diphtherie
1 Grippe

Milz
2 Milzbrand

Lymphe
5 Elephantiasis

Haut
6 Krätze
7 Mykosen

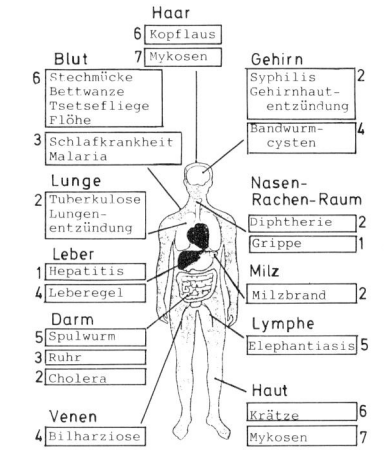

die auf einen Wirt angewiesen sind (obligatorischer P.). Außerdem kann man nach der Dauer der Parasitierung temporäre von periodischen oder stationären Parasiten trennen. Tiere, die Körperoberflächen besiedeln, werden als Ektoparasiten, solche, die das Körperinnere bevorzugen, als Endoparasiten bezeichnet. Aus der Vielfalt der weiteren Unterscheidungs- und Einteilungskriterien sei hier noch eine Form des Parasitismus erwähnt, die sich auf Änderungen im Verhalten des Wirts bezieht. Dies kann einerseits ähnlich dem „programmierten" Verhalten der Ameisen (vgl. Abb. 27) eine Steuerung des Wirtes durch seine Parasiten „von innen heraus" sein. Andererseits betrifft es aber auch wie beim Kuckuck das Verhalten der „Pflegeeltern", ohne daß diese einen Parasiten direkt am Körper besitzen; dieser Fall wird dann z. B. als Brutparasitismus bezeichnet.

a) In Abb. 29a sind verschiedene Parasiten aus der Klasse der Insekten und Spinnenähnlichen dargestellt. Um welche Parasitenformen handelt es sich hierbei?
b) Ordnen Sie die Parasiten des Menschen (Abb. 29b) ebenfalls den verschiedenen Parasitenformen zu!
c) Läuse sind typische Parasiten von Landsäugetieren. Die Vorfahren der Seelöwen und Seehunde waren Landraubtiere, die bereits mit Läusen befallen waren. Welche Probleme ergaben sich demnach bei der Wiederanpassung an das Leben im Wasser?

E. Die ökologische Nische

(1) *Definitionen*

Die ökologische Nische ist ein in allen Ökosystemen vorhandener Strukturteil und zugleich der am schwierigsten zu definierende Begriff. Im folgenden sind zunächst verschiedene Definitionen angegeben:

– der Raum, in dem eine Art lebt („Adresse"); sehr seltene, nur ortsbezogene Definition;
– die funktionale Bedeutung im Sinne eines „Berufs" (die Stellung oder das Wirkungsfeld einer Art im Ökosystem), d. h. die Beziehung eines Organismus zu seiner Nahrung und zu seinen Feinden; diese überwiegend trophische Definition ist die häufiger gebrauchte;
– jedes Lebewesen muß, um existieren zu können, bestimmte Faktoren in bestimmten Quantitäten in seiner Umwelt vorfinden; diese Beschreibung der Minimalumwelt wird von einigen Autoren als die ökologische Nische betrachtet;
– der synthetische Nischenbegriff (Fundamentalnische) umfaßt räumliche und trophische Beziehungen, d. h. die Gesamtheit aller biotischen und abiotischen Umweltfaktoren, die für die Existenz einer Art ausschlaggebend sind; dabei ist dies dann nur ein Teil aus allen Gegebenheiten der Umwelt.

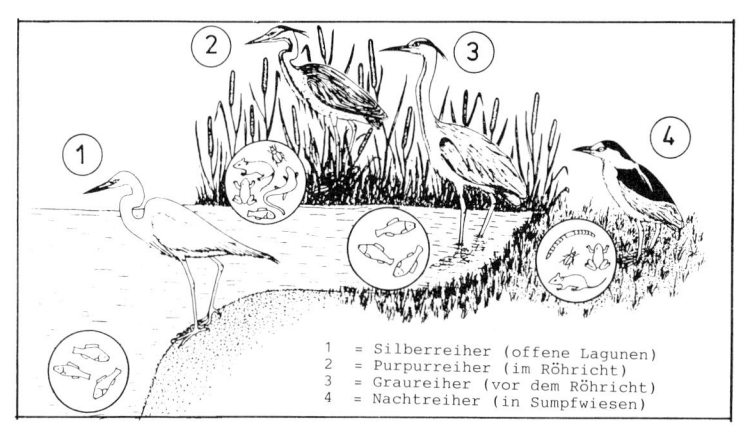

Abb. 30 Ökologische Nischen verschiedener Reiherarten in der Uferzone (nach TISCHLER, 1984, p. 27)

1 = Silberreiher (offene Lagunen)
2 = Purpurreiher (im Röhricht)
3 = Graureiher (vor dem Röhricht)
4 = Nachtreiher (in Sumpfwiesen)

Abb. 32 Verschiedene Vögel an einem Nadelbaum (nach GRAF, 1980, p. 75)

Abb. 31 Brutplätze auf den Vogelfelsen von Helgoland (nach FELS, 1984, p. 84)

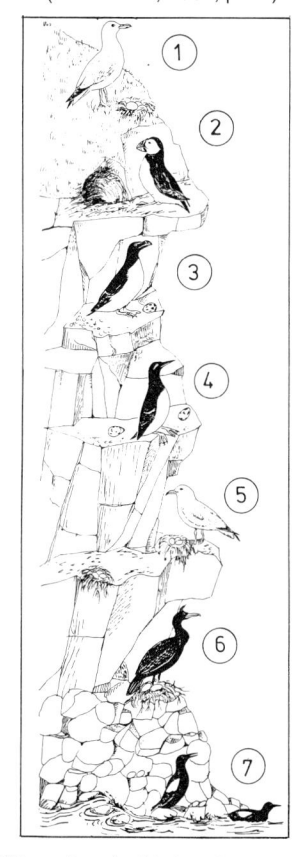

1 = Schwarzdrossel
   (sucht am Boden Insekten und Würmer)
2 = Buntspecht
   (frißt am Stamm Insekten aus Bohrlöchern)
3 = Trauerfliegenschnäpper
   (benutzt Baum- und Astspitzen als Warte und frißt Insekten)
4 = Fichtenkreuzschnabel
   (kann sich auf Astspitzen aufhalten und frißt Samen der Zapfen)
5 = Waldbaumläufer
   (holt Insekten und Spinnen aus den Ritzen in der Rinde)
6 = Goldhähnchen
   (hält sich auf den äußersten Zweigspitzen auf und jagt Insekten)

1 = Silbermöwe (auf freiem Boden)
2 = Papageientaucher (Nisthöhle im Grasboden)
3 = Tordalk (in Felsspalten)
4 = Trottellumme (nackte Felsvorsprünge)
5 = Dreizehenmöwe (auf schmalen Felsvorsprüngen)
6 = Krähenscharbe (an felsigen Küsten)
7 = Gryllteiste (wassernahe Geröllzone)

(2) *Aufgaben*

   a) In Abb. 30–32 sind verschiedene Beispiele „**ökologischer Nischen**" dargestellt; untersuchen Sie diese Zusammenhänge im Hinblick auf die unter (1) gegebene Definition und charakterisieren Sie in eigenen Worten den Begriff der ökologischen Nische!
   b) Definieren Sie in diesem Zusammenhang die Begriffe „**Planstelle**" und **Stellenäquivalenz**!
   c) Ermitteln Sie z. B. anhand der „Einnischung der Darwinfinken" (vgl. Heft Evolution), ob das folgende Zitat den Sachzusammenhang richtig widergibt: „Nischen werden nicht ‚besetzt', sondern entstehen durch die Wechselwirkung von Leben und Umwelt. Es gibt somit auch keine ‚freien Nischen' im Biotop. Im Laufe der Besiedlung des Biotops werden Nischen gebildet" (STUGREN, p. 122).
   d) **Konkurrenzausschluß-** und **Konkurrenzvermeidungsprinzip** regulieren u. a. das Zusammenleben der Arten in einem Ökosystem. Erläutern Sie den Zusammenhang anhand der Abb. 24 des Heftes (siehe Seite 35).
   e) Die acht mitteleuropäischen Spechte (Schwarzspecht, Großer Buntspecht, Mittel-, Klein- und Grünspecht, Weißrücken-, Dreizehen- und Grauspecht) holen sich ihre Nahrung aus dem Holz. Hierzu haben sie verschiedene Anpassungen im Körperbau entwickelt (Kletterfüße, Stützschwanz, meißelartiger Schnabel, Zunge mit Widerhaken). Obwohl alle Spechte aufgrund ihres Nahrungserwerbs und ihrer Nistgewohnheiten (Höhlenbrüter) in Wäldern und Gehölzen leben, treten sie nicht in eine so starke Konkurrenz, daß eine Art ausstirbt. Welche Faktoren könnten hierzu beitragen?

V. Teil: Populationsökologie

In den bisher betrachteten Wirkungen biotischer und abiotischer Faktoren stand der einzelne Organismus im Vordergrund. Populationsökologische Fragen wurden z. T. bereits angeschnitten und sollen jetzt nochmals kurz zusammengefaßt und vertieft werden.

A. Allgemeine Regulationsmechanismen und Regelmodelle

(1) *Versuche*

   a) Wird ein lockerer Packen Stroh, Holzwolle oder Papier seitlich angezündet, so kann man beobachten, daß sich das Feuer zunächst nur langsam weiterfrißt, sich dann immer schneller ausbreitet und schließlich nach einer Stichflamme („Strohfeuer") wieder in sich zusammenfällt (Abb. 33a).
   b) Der Trichter (Abb. 33b) wird zu ⅔ mit Wasser gefüllt und dort eine Markierung angebracht; die erste Person läßt das Wasser in unregelmäßigen Abständen und unterschiedlicher Menge abfließen. Eine zweite Person liest den Wasserstand ab und meldet dies an eine dritte Person. Diese steht abseits und sieht nicht, was am Trichter geschieht, berechnet aber aus den Angaben Korrekturanweisungen an eine vierte

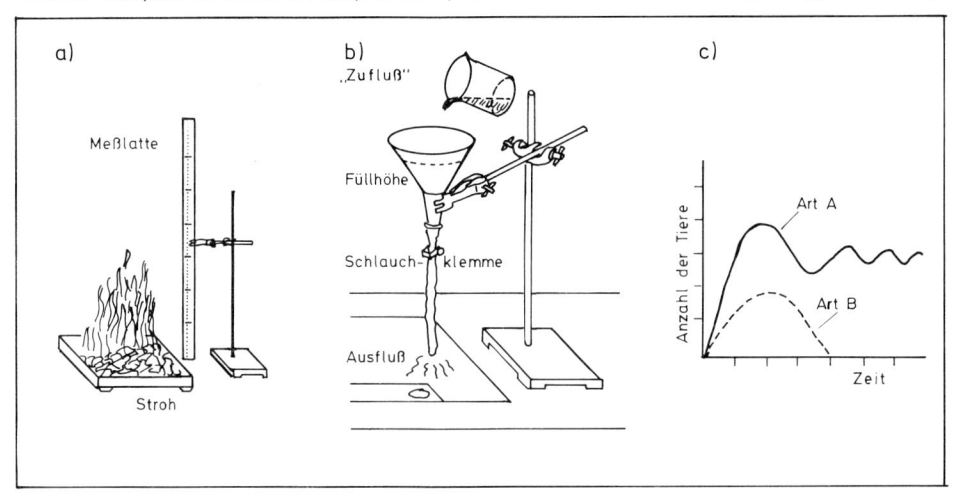

Abb. 33 Beispiele für einfache Kreisprozesse (nach BAYRHUBER/SCHAEFER, 1978, p. 39 und 47)

Person, die daraufhin versucht, den Wasserpegel möglichst genau auf der Meßmarke zu halten.

c) Zwei Meisenarten A und B wandern in das gleiche Gebiet ein und sind auf ähnliche Nistplätze angewiesen (Abb. 33c).

(2) *Informationsteil*

Ein Regelkreis stellt ein stabiles Gleichgewicht ein, der Konkurrenzkreis führt zum Absinken einer Größe zugunsten der anderen, und in einem Aufschaukelungskreis geschieht ein lawinenartiges Wachstum. Derartige Kreisprozesse können vereinfacht durch Pfeildiagramme dargestellt werden; dabei bedeutet:

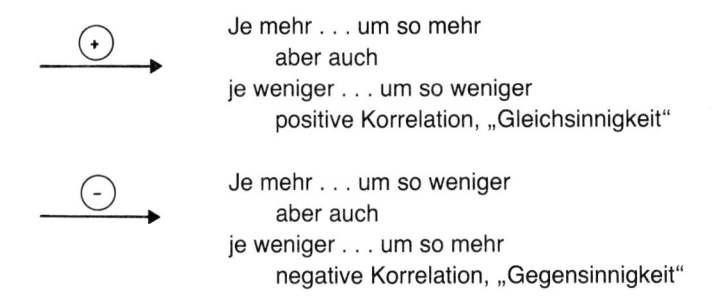

$\xrightarrow{+}$
Je mehr ... um so mehr
   aber auch
je weniger ... um so weniger
   positive Korrelation, „Gleichsinnigkeit"

$\xrightarrow{-}$
Je mehr ... um so weniger
   aber auch
je weniger ... um so mehr
   negative Korrelation, „Gegensinnigkeit"

Damit ergeben sich die in Abb. 34 dargestellten Kombinationen.

Wesentlich ist dabei, daß zwischen den Größen A und B eine Kausalbeziehung besteht; dies kann im Sinne von „wirkt auf ..." eine direkte Beziehung oder eine über eine dritte Größe erzeugte Korrelation sein. Wie in Abb. 36 dargestellt, besteht auch die Möglichkeit, mehrere Beziehungen zu einem komplexen System zu verketten.

Abb. 34 Pfeildiagramme von Kreisprozessen (nach BAYRHUBER/SCHAEFER, 1978, p. 61 ff.)

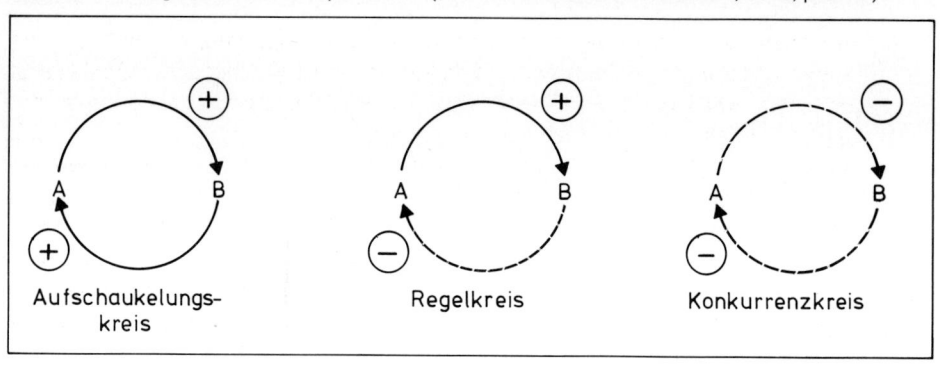

Aufschaukelungs-
kreis

Regelkreis

Konkurrenzkreis

Eine weitere Möglichkeit, insbesondere den Regelkreis darzustellen, bietet das Blockschaltbild, wobei sich – je nach Autor – die Schemata häufig unterscheiden. Zwei Darstellungsmöglichkeiten sind in Abb. 35 ausgewählt.

Abb. 35 Blockschaltbilder der Regelkreise
a) Darstellung nach HASSENSTEIN   b) Darstellung nach SCHAEFER

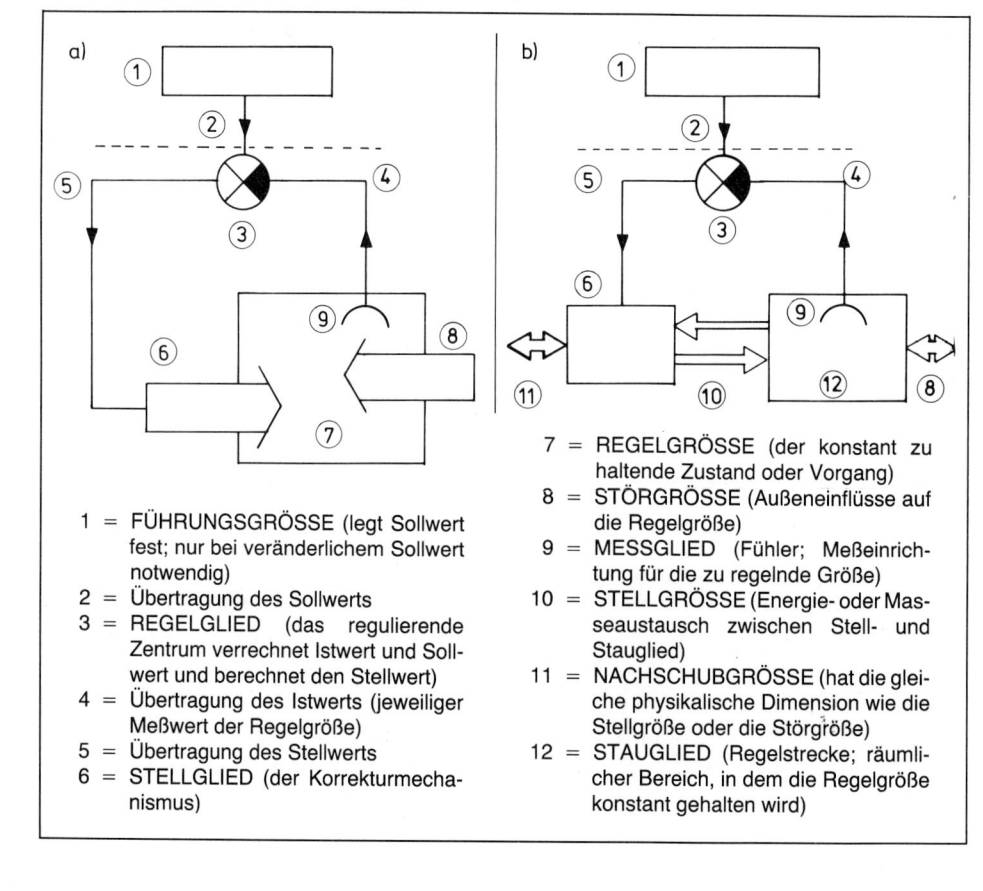

1 = FÜHRUNGSGRÖSSE (legt Sollwert fest; nur bei veränderlichem Sollwert notwendig)
2 = Übertragung des Sollwerts
3 = REGELGLIED (das regulierende Zentrum verrechnet Istwert und Sollwert und berechnet den Stellwert)
4 = Übertragung des Istwerts (jeweiliger Meßwert der Regelgröße)
5 = Übertragung des Stellwerts
6 = STELLGLIED (der Korrekturmechanismus)
7 = REGELGRÖSSE (der konstant zu haltende Zustand oder Vorgang)
8 = STÖRGRÖSSE (Außeneinflüsse auf die Regelgröße)
9 = MESSGLIED (Fühler; Meßeinrichtung für die zu regelnde Größe)
10 = STELLGRÖSSE (Energie- oder Masseaustausch zwischen Stell- und Stauglied)
11 = NACHSCHUBGRÖSSE (hat die gleiche physikalische Dimension wie die Stellgröße oder die Störgröße)
12 = STAUGLIED (Regelstrecke; räumlicher Bereich, in dem die Regelgröße konstant gehalten wird)

(3) *Aufgaben*

a) Stellen Sie für die auf Seite 43 beschriebenen Einführungsversuche fest, ob eine kausale Kopplung zwischen zwei Größen vorhanden ist, welches diese Größen sind und ob bzw. wie man die Beispiele in Form von Pfeildiagrammen darstellen kann.

b) Vergleichen Sie die beiden Darstellungen in Abb. 35!

c) Lassen sich die Personen aus dem Einführungsversuch b oder ihre Tätigkeiten in ein Blockschaltbild einordnen und wenn ja, wie?

d) Bakterien können sich unter optimalen Bedingungen alle 20 Minuten durch Zweiteilung vermehren. Berechnen Sie, wie viele Bakterien sich nach 24 Stunden in Ihrem Körper befinden, falls Sie nur mit einem einzigen Bakterium infiziert wurden (und Ihr Immunsystem keine Gegenmaßnahmen ergreift!). Welchen Bezug sehen Sie zum vorliegenden Thema?

e) Wie läßt sich die Beziehung zwischen den beiden Paramecien-Arten aus Abb. 24a/b in Form eines Pfeildiagrammes angeben?

B. Regulation der Populationsdichte

(1) *Parameter einer Population*

Zu einer Population oder Bevölkerung gehören alle Individuen einer Art, die einen bestimmten Lebensraum bewohnen (TISCHLER, 1984, p. 105). Aus dieser Definition ergeben sich zwei wesentliche zu untersuchende Faktoren: wie groß ist die Population (Anzahl der Individuen zu einem bestimmten Zeitpunkt) und wie verteilen sie sich (Berechnung der Populationsdichte und Untersuchungen zur Art der Verteilung).

a) Wodurch unterscheiden sich Populationsdichte und Verteilung?

b) Untersuchen Sie z. B. anhand des Feldhasen-Beispiels, welche Faktoren zur Vergrößerung einer Population bzw. zu deren Verkleinerung beitragen!

c) Die Populationsdichte wird sowohl von **dichteunabhängigen** Faktoren wie z. B. dem Klima als auch von **dichteabhängigen** Faktoren wie z. B. der innerartlichen Konkurrenz bestimmt. Ermitteln Sie weitere Beispiele für dichteabhängige bzw. dichteunabhängige Faktoren (z. B. aus dem Feldhasen- oder aus dem Wasserfrosch-Beispiel, siehe Seite 2 oder Seite 31)!

(2) *Regelkreismodelle*

Bereits in der Räuber-Beute-Beziehung bzw. den VOLTERRA-Gesetzen wurde deutlich, daß die Populationsdichte in der Regel um einen Mittelwert schwankt; dies läßt sich unter den kybernetischen Aspekten von zwei Gesichtspunkten aus betrachten: entweder untersucht man nur die Populationsdichte der Beute (oder des Räubers) oder man setzt beide in Beziehung zueinander.

a) Entwerfen Sie ein kybernetisches Modell zur Regulation der Populationsdichte für die unter (1) erarbeiteten dichteabhängigen oder -unabhängigen Faktoren!

b) Analysieren Sie die Abb. 36 und ergänzen Sie die fehlenden positiven oder negativen Zeichen!

Abb. 36 Pfeildiagramme zur Regulation der Populationsdichte

a) Nahrungsangebot → Geburtenrate → Populationsdichte ← Sterberate ← {Anzahl der Feinde, Häufigkeit von Parasiten, Gedrängefaktor, ansteckende Krankheiten}

b) Dichte der Beutepopulation → Kontakthäufigkeit zwischen Räuber u. Beute → Sterblichkeit; Kontakthäufigkeit → Beute wird Opfer und Nahrung → Fruchtbarkeit des Räubers → Dichte der Räuberpopulation

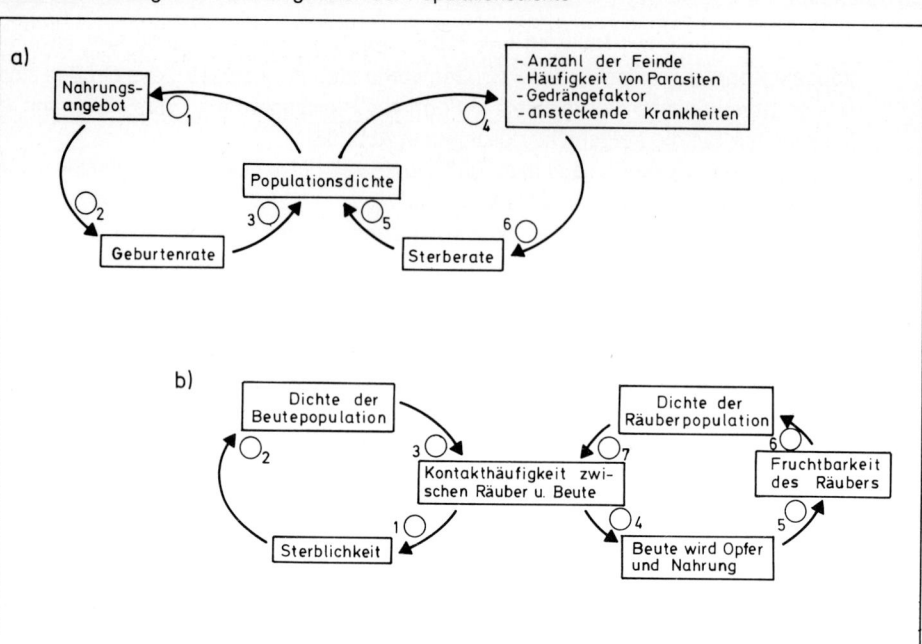

Abb. 37 Blockschaltbild zur Regulation der Populationsdichte

FÜHRUNGSGLIED — SOLLWERT — ISTWERT — REGLER — STELLGRÖSSE — STELLGLIED — REGELGRÖSSE — FÜHLER — STÖRGRÖSSE

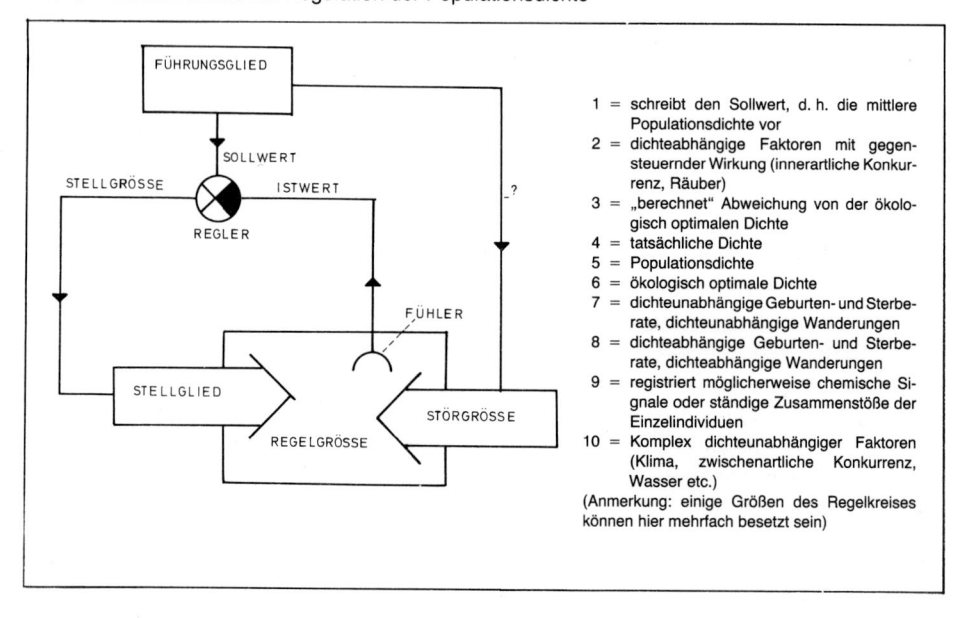

1 = schreibt den Sollwert, d. h. die mittlere Populationsdichte vor
2 = dichteabhängige Faktoren mit gegensteuernder Wirkung (innerartliche Konkurrenz, Räuber)
3 = „berechnet" Abweichung von der ökologisch optimalen Dichte
4 = tatsächliche Dichte
5 = Populationsdichte
6 = ökologisch optimale Dichte
7 = dichteunabhängige Geburten- und Sterberate, dichteunabhängige Wanderungen
8 = dichteabhängige Geburten- und Sterberate, dichteabhängige Wanderungen
9 = registriert möglicherweise chemische Signale oder ständige Zusammenstöße der Einzelindividuen
10 = Komplex dichteunabhängiger Faktoren (Klima, zwischenartliche Konkurrenz, Wasser etc.)
(Anmerkung: einige Größen des Regelkreises können hier mehrfach besetzt sein)

c) In Abb. 37 sind ein Blockschaltbild und verschiedene Faktoren bzw. Situationen zur Regulation der Populationsdichte angegeben. Kann es eine Zuordnung zwischen beiden Komplexen geben? Diskutieren Sie, ob die Darstellung in diesem Zusammenhang sinnvoll ist!

d) Das Schneehasen-Luchs-Beispiel kann unabhängig von einer Räuber-Beute-Beziehung als Ausdruck zyklischer Bestandsschwankungen interpretiert werden. Analysieren Sie die Abb. 25d unter diesem Aspekt!

C. Mathematische Grundlagen

(1) *Aspekte der Populationsgenetik*

Aus der Definition der Population ergibt sich, daß die Tiere oder Pflanzen einer Art – die ja in einem genetischen Austausch stehen – durch Barrieren von einem anderen zusammenhängenden Gebiet räumlich getrennt sind; die Fortpflanzungsmöglichkeiten zwischen den Fischpopulationen zweier stehender Gewässer sind z. B. sehr gering. Besonders extreme **Isolation** findet man bei Inselbewohnern, die dann zur Bildung von Unterarten tendieren. Diese Neubildung von Arten wird durch geringfügige Unterschiede in den Umweltbedingungen gefördert. Sie kann sich aber erst durch genetische Veränderungen manifestieren. So kann z. B. die Neubesiedlung einer dem Festland vorgelagerten Insel durch sehr wenige Individuen erfolgen. Da das Einzelindividuum aber nur über einen Bruchteil des gesamten Genbestandes (Gen-Pool) verfügt, wird damit u. U. eine Rassenbildung begünstigt.

a) Erklären Sie zunächst den Unterschied zwischen Rasse und Art bzw. den weiteren systematischen Begriffen wie Gattung oder Klasse!

b) Wiederholen Sie anhand des Übungsheftes Genetik, unter welchen Bedingungen das HARDY-WEINBERG-GESETZ gilt und was es aussagt!

c) Die bereits erwähnte Einnischung der Darwinfinken auf den Galapagos-Inseln zeigt unter dem Anspekt der Populationsgenetik, wie durch die ökologische Isolation die Neubildung von Arten gefördert wird. Erläutern Sie das Finken-Beispiel (ausführliche Darstellung im Heft Evolution) unter ökologischen und genetischen Gesichtspunkten!

d) In einer Bakterienkultur kann man eine charakteristische Wachstumskurve feststellen (Abb. 38); in welcher Phase kann man hier mit mutationsauslösenden Agenzien (Chemikalien, UV-Licht, anderen Strahlen u. ä.) den Genbestand am stärksten verändern und welchen Bezug zur Populationsgenetik sehen Sie hier?

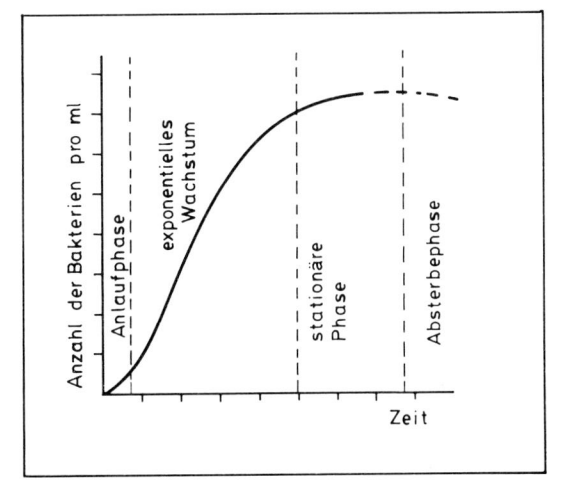

Abb. 38 Wachstum einer Bakterienpopulation

(2) *Alterspyramiden und Überlebenskurven*

Populationen bestehen – von der statistischen Seite aus gesehen – nicht aus einem einheitlichen „Material"; sowohl der Anteil männlicher wie weiblicher, junger, fortpflanzungsfähiger oder alter Individuen ändert sich prozentual ständig. Grundsätzlich lassen sich dazu drei Typen sog. **Überlebenskurven** finden, die in Abb. 39a dargestellt und in Abb. 39b durch einige Beispiele erläutert sind (die Ordinate ist dabei im logarithmischen Maßstab eingeteilt und gibt die Überlebenden in Bruchteilen von 1 an). Gliedert man die Untersuchung nicht nur nach der Anzahl der Überlebenden pro Altersklasse, sondern untersucht die Altersstruktur einer Population auch in Abhängigkeit vom Geschlecht, so kann man sog. **Alterspyramiden** aufbauen, die auch Prognosen für die zukünftige Entwicklung der Population zulassen (Abb. 40). Ergibt sich z. B. ein deutliches Überwiegen der Individuen an der Basis, so befindet sich die Population im Vermehrungsprozeß. In der Bundesrepublik ist hingegen ein Rückgang zu erwarten. Findet man in den ersten Altersklassen annähernd gleiche Individuenzahlen, stagniert die Population.

a) Erläutern Sie die in Abb. 39 dargestellten Überlebenskurven!

b) Bei Vögeln findet man häufig eine hohe Sterblichkeit der Küken, danach ist aber die Sterbequote pro Jahr recht konstant. *** Beim Bärenlauch kann man vier Phasen erhöhter Mortalität feststellen: im Embryonalstadium, während der ersten Winterruhe, im Alter von etwa 3 und schließlich nach etwa 6 Jahren (Altersphase). *** Bei Laborpopulation z. B. von Mäusen werden die Jungtiere meist sorgsam vor Schad- und Feindeinwirkungen bewahrt, während sie

Abb. 39 Grundformen der Überlebenskurven (nach STREIT, 1980, p. 23)

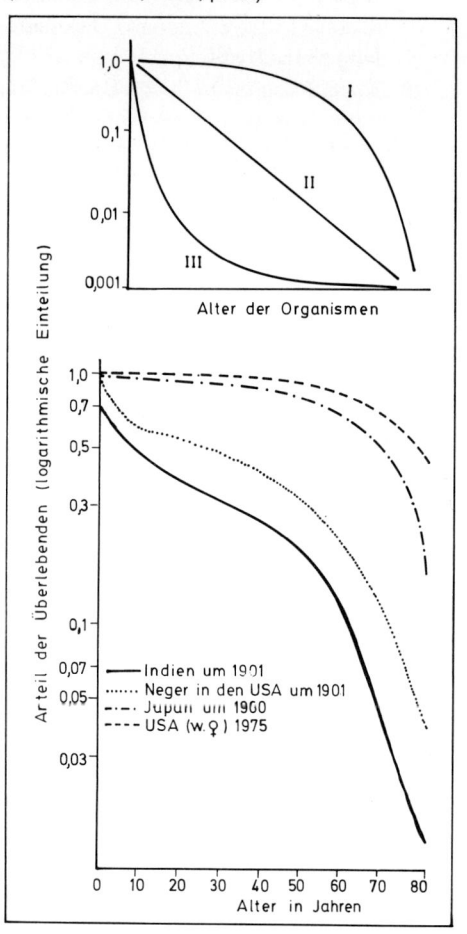

in der freien Natur Räubern und Krankheiten vermehrt zum Opfer fallen. Zeichnen Sie für die verschiedenen Fälle jeweils eine Überlebenskurve!
c) Analysieren Sie die Bevölkerungspyramiden (Abb. 40)!
d) Unter welchen Bedingungen entsteht in menschlichen Populationen ein nur im oberen Bereich zugespitzter Zylinder?

Abb. 40 Altersstruktur der Bevölkerung am 31. 12. 86 (nach Angaben aus dem statistischen Jahrbuch für die BRD 1988) und verschiedene Alterspyramiden nach Lexikon, Bd. 1, p. 130

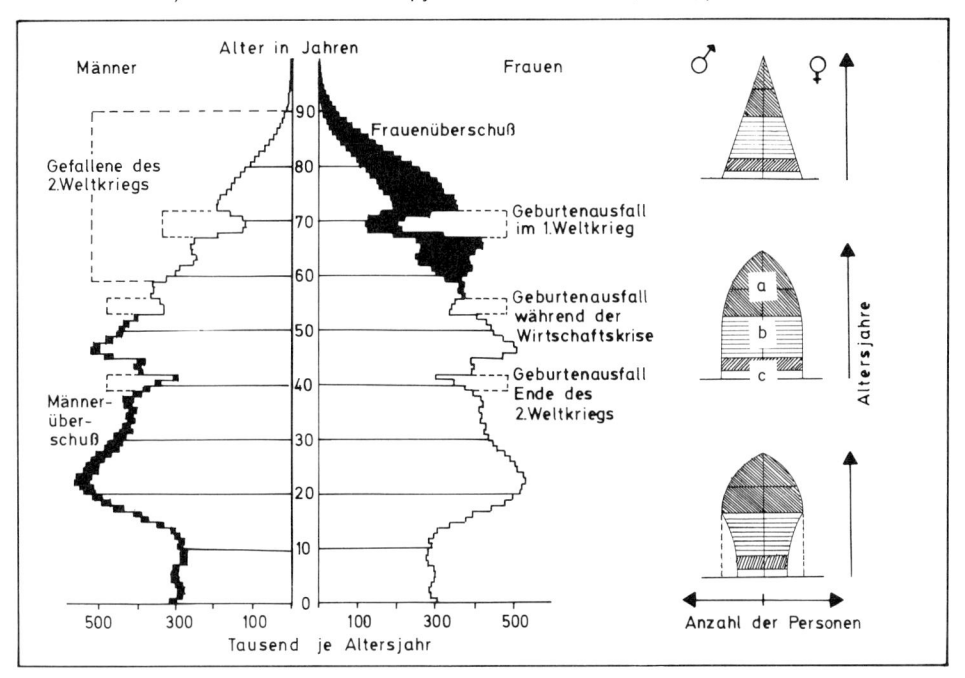

(3) *Wachstum von Populationen*

Das Wachstum einer Bakterienkultur wurde bereits in Abb. 38 dargestellt. Erneuert man stets das Medium, so kann weder die Produktion der Abfallstoffe noch der Nahrungsmangel die Zunahme der Population verhindern. Unter diesen Bedingungen würde ein sog. exponentielles Wachstum eintreten – vorausgesetzt, die weiteren Versuchsbedingungen werden nicht geändert. In der Realität kann ein derartiges Wachstum nur für begrenzte Zeit auftreten.
a) Stellen Sie eine **exponentielle Wachstumskurve** graphisch dar und ermitteln Sie die zugrunde liegenden, mathematischen Beziehungen!
b) Welche Faktoren führen in der Realität nur zu einem kurzfristigen exponentiellen Wachstum?

c) Einen konstanten Plateauwert bei **logistischem Wachstum** (vgl. stationäre Phase in Abb. 38) hat man meist nur bei Mikroorganismen. Höhere Organismen pendeln mehr oder weniger regelmäßig um einen Mittelwert. Welche Gründe könnte es hierfür geben?

VI. Teil: Ökosysteme

A. Aufbau eines Ökosystems

(1) *Einführung*

   a) Vergleichen Sie tabellarisch aus der Abb. 41 die Bestandteile des terrestrischen (A) mit dem aquatischen Ökosystem (B)!
   b) Ermitteln Sie, was man in diesem Zusammenhang unter **Produzenten, Konsumenten** und **Destruenten** versteht, und ordnen Sie die in Abb. 34 gezeigten Lebewesen diesen Kategorien zu!
   c) Welche Rolle spielen abiotische Substanzen und welche Bedeutung hat die Sonnenenergie?
   d) Erarbeiten Sie eine allgemeine schematische Darstellung zur funktionellen Gliederung eines Ökosystems unter Berücksichtigung der verschiedenen Trophieebenen, des Stoffstromes, der Rolle der Photosynthese, der Zellatmung und der Gärung!

(2) *Bedeutung der Produzenten*

Die autotrophen Pflanzen und Bakterien erzeugen über die Photo- oder Chemosynthese Biomasse. Von dieser Bruttoprimärproduktion muß man den Anteil abziehen, den die Pflanzen selbst wieder veratmen, um ihre eigenen Lebensvorgänge aufrechtzuerhalten. Die organische Materie, die den Pflanzenfressern dann tatsächlich zur Verfügung steht, bezeichnet man als **Nettoprimärproduktion.** Die Verteilung der Produzenten in aquatischen Ökosystemen (Phytoplankton, untergetauchte Wasserpflanzen, Algen usw.) ist stark vom Lichteinfall abhängig. Im Pelagial (freies Wasser) lebt die Hauptmasse der Algen in der warmen Jahreszeit in den oberen 10 Metern; 75% der Biomasse werden dabei in den ersten 5 m gebildet.

   a) Erarbeiten Sie aus Abb. 41 und diesem Text die unterschiedliche Bedeutung der Produzenten!
   b) In einem Hektar eines 120jährigen **westeuropäischen Laubwaldes** mit 275 t lebender Pflanzenbiomasse (davon sind ca. 4 t/ha Blätter; sonstige Anteile: Zweige, Stammholz und Unterholz) werden jährlich 23,5 t neue organische Substanz erzeugt,

wovon etwa 10 t wieder veratmet werden (alle Angaben beziehen sich auf das Trockengewicht). Die vergleichbare Biomasse an Wirbeltieren beträgt insgesamt 8,5 kg/ha, wobei 1,3 kg/ha auf Vögel, 2,2 kg/ha auf größere Säuger und 5,0 kg/ha auf Kleinsäuger entfallen. Die unterirdische Bodenfauna wird auf 1 t/ha geschätzt. Welcher Zusammenhang besteht zwischen pflanzlicher und tierischer Biomasse und wie würden Sie die biologische Aktivität des Hochwaldes einschätzen?

Abb. 41 Vergleich eines Land- und eines Wasserökosystems (nach ODUM, 1980, p. 24; verändert)

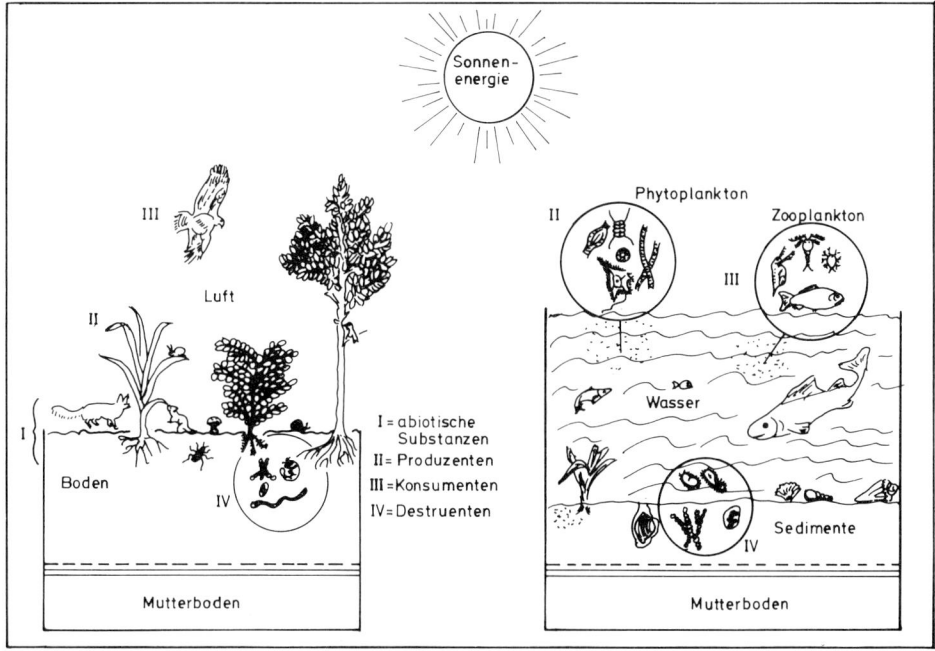

c) In einem **Wald an der Elfenbeinküste** beträgt die Bruttoproduktion 52,5 t/ha, die Nettoproduktion aber nur 13,4 t/ha. Vergleichen Sie diese Angaben mit denen des westeuropäischen Laubwaldes!

d) Welche Bedeutung hat das **Phytoplankton** eines Sees bzw. des Meeres?

(3) *Unterschiede zwischen den Konsumenten*

Die Verbraucher der Biomasse unterteilen sich in **Pflanzen- und Fleischfresser** (Herbivore und Carnivore). Die von den Tieren aufgenommene Nahrung wird dabei nur teilweise zum Aufbau von Körpersubstanz benutzt; ein großer Teil muß den Betriebsstoffwechsel „beliefern" und wird zur Aufrechterhaltung des Stoffwechsels und evtl. auch der Körpertemperatur wieder abgebaut. Hinzu kommt, daß in einer Nahrungskette die Verluste an Biomasse von einer Ebene zur nächsten etwa 90% betragen; dies bedeutet, daß z. B. die Raupen im Wald nicht mehr als 10% der Blattmasse verzehren, der Specht wiederum nur 10% aller Raupen frißt und schließlich der Raubvogel nur 10% aller Kleinvögel (siehe Abschnitt Nahrungsnetz/Nahrungskette und ökologische Pyramiden).

Beispiel A:
Ein körperlich schwer arbeitender Mensch benötigt pro Tag ca. 12 000 kJ; deckt er diesen Energiebedarf nur aus Mais (oder auch anderen Getreidearten bzw. deren Produkten wie Mehl, Brot oder Nudeln), so wäre eine Fläche von 500 m^2 zum Anbau notwendig. Ernährt er sich nur von Rindfleisch, so ist eine Fläche von 1250 m^2 zum Maisanbau notwendig, um das Rind und damit den Menschen zu ernähren. Lebt der Mensch täglich nur von Eiern, so müßten 20 000 m^2 mit Mais angebaut werden, um die Hühner mit der entsprechenden Menge Körnern zu versorgen. Würde er nur Phytoplankton verzehren, so käme er mit ca. 10 m^2 Anbaufläche aus.

Beispiel B:
Ein Mastochse von 600 kg Körpergewicht gewinnt aus 1 t Heu etwa 110 kg zusätzliches Gewicht. Während dieses Tier dazu 120 Tage braucht, würden 300 Kaninchen (die ebenfalls 600 kg wiegen) den gleichen Gewichtszuwachs aus einer Tonne Heu in 30 Tagen erzielen.
(Quelle: REICHELT/SCHWOERBEL, p. 51 ff.)

a) Welche Unterschiede zwischen den Konsumenten lassen sich aus diesen Beispielen ablesen?
b) Mit jedem Schritt in der Nahrungskette gehen 80–90% der auf der vorausgehenden Stufe vorhandenen Energie verloren und nur 10–20% können auf der nächsten Trophieebene genutzt werden. Ermitteln Sie, warum große Raubtiere naturgemäß selten sind und nicht in dichten Beständen vorkommen.
c) Wäre es eine Lösung des Welternährungsproblems, wenn sich alle Menschen nur noch vegetarisch ernähren würden?

(4) *Bedeutung der Destruenten*

Mistkäfer, Termiten, verschiedene Aasfresser, Regenwürmer u. a. spielen zusammen mit Destruenten aus der Gruppe der Pilze und Mikroorganismen eine bedeutende Rolle beim „Recycling" im Substanzkreislauf; dabei steht für die Organismen selbst nicht die Wiedergewinnung der Mineralstoffe im Vordergrund, sondern die mit dem Abbau verbundene Energiegewinnung. In diesem Prozeß wird die tote organische Substanz mehrmals in Biomasse und wieder in Detritus umgewandelt.

Verschiedene Arten können sich dabei gegenseitig beeinflussen; Würmer setzen z. B. Stickstoff aus dem Humus frei, schaffen durch Krümelbildung ein nährstoffreiches Substrat für Bakterienansiedlungen und fördern die Sauerstoffversorgung der aeroben Bakterien dank ihrer gut durchlüfteten Gänge. Andere Tiere schalten sich dann auch in die **Humuszersetzung** ein: so zerkleinern und zerstäuben Hirschkäferlarven z. B. totes Holz; Mikroben können es dann besiedeln und aufschließen. Pilze vermengen morsches Holz mit Bodenhumus, was wiederum die Freßaktivität von Insektenlarven begünstigt. In der folgenden Abb. 41 wird das Zusammenwirken verschiedener Destruenten beim Zersetzen eines Baumstammes gezeigt. Manche Lebensräume (z. B. Hochmoore, Schwarzes Meer, Tundra) werden aufgrund eines mangelnden Nährstoffkreislaufes immer lebensfeindlicher. In der Tundra ist z. B. die Effektivität von Saprovoren und Mineralisierern gering, manche Herbivore und wesentliche Primärzersetzer fehlen (REMMERT, 1972). Warmblütige Tiere wie Rentiere, Lemminge, Moschusochsen, Wildgänse und Schneehühner spielen hier als Konsumenten und damit als Primärzersetzer eine wesentlich größere Rolle als die weitgehend fehlenden Destruenten.

a) Erläutern Sie mit Bezug auf den vorausgehenden Text, warum man zwischen Saprovoren und Mineralisierern unterscheidet!
b) Warum verschlechtern sich die Lebensbedingungen in manchen Lebensräumen?
c) Welche besonderen Bedingungen in der Tundra bewirken eine andere Stellung der Destruenten im Vergleich zu Ökosystemen der gemäßigten Zone?
d) Erläutern Sie anhand der Abb. 42 den Vorgang der Holzzersetzung!

Abb. 42 Holzzersetzung (nach EMMEL, 1973, p. 32; verändert)

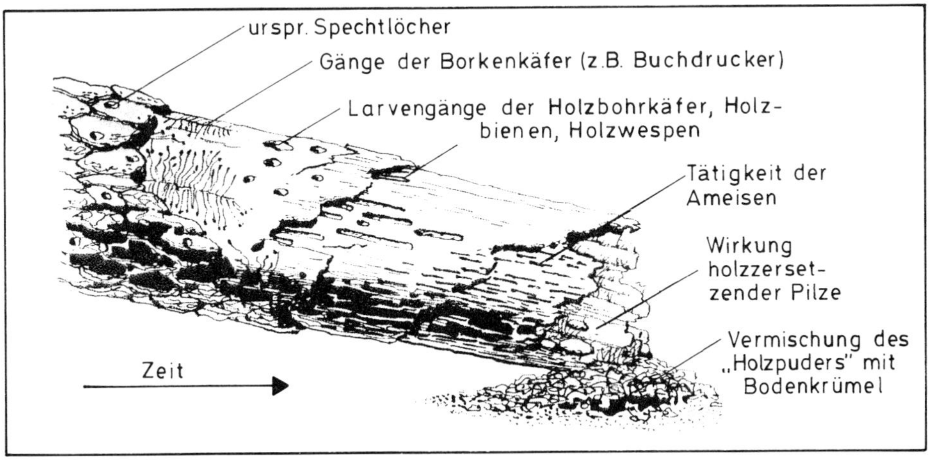

B. Nahrungsketten, Nahrungsnetze und ökologische Pyramiden

(1) *Die Zwergspitzmaus*

In Abb. 43 ist die Stellung der Zwergspitzmaus als Gipfelräuber dargestellt. Spitzmäuse sind ungesellig lebende Einzelgänger, haben fast Größe und Gestalt einer Maus, unterscheiden sich aber von ihr durch den spitzen Rüssel und durch das Insektenfressergebiß. Die Zwergspitzmaus (Körper 6 cm, Schwanz 3,5 cm) ist das kleinste Säugetier nördlich der Alpen (in den Mittelmeerländern ist die Wimperspitzmaus mit 4 cm Körperlänge und 2,5 cm Schwanzlänge das kleinste Säugetier überhaupt). Die täglich benötigte Nahrungsmenge ist bei den kleinen, sehr lebhaften Tieren größer als das eigene Körpergewicht (ihr Puls schlägt beinahe 1000mal pro Minute!). Ihre Nahrung besteht vorwiegend aus Insekten, aber auch anderen Wirbellosen, wie aus Abb. 42 zu ersehen ist. Zur **Erläuterung der einzelnen Tiergruppen:** bekannte pflanzenfressende Käfer sind z. B. der Maikäfer, der Julikäfer oder der Rosenkäfer (allgem. die verschiedenen Blattkäfer). Während die Ohrwürmer (oder „Ohrkneifer") bei Massenauftreten zuweilen Schäden an den Pflanzen anrichten, sind die Springschwänze eine Form der Urinsekten, die überwiegend im Boden vorkommt. Ebenso findet man die regenwurmähnlichen Enchyträen vorwiegend in Dunghaufen und der Blumenerde. Die räuberischen Laufkäfer, Tausendfüßler und Spinnen sind in diesem System bereits die zweite Stufe der Konsumenten. Die Spitzmaus selbst kann Beute verschiedener Tag- oder Nachtraubvögel bzw. des Igels sein.

Abb. 43 Stellung der Zwergspitzmaus (nach STUGREN, 1986, p. 194; verändert)

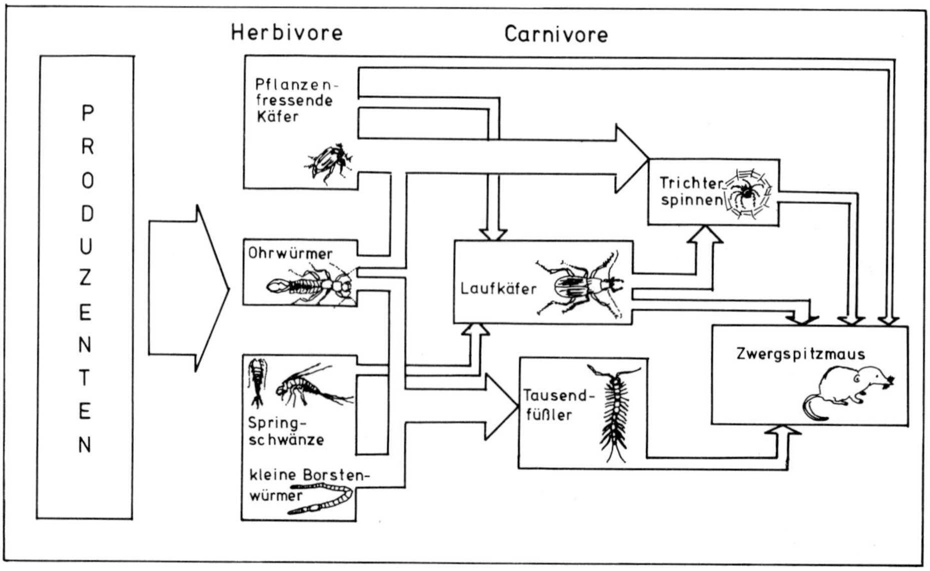

(2) *Nahrungsketten und Nahrungsnetze*

Im Spitzmausbeispiel werden verschiedene Tierarten vorgestellt, die sich i. a. nicht nur von einer Beute-Art ernähren und selbst wiederum nicht nur einer Art von Räubern zum Opfer fallen. Zweigliedrige Nahrungsketten sind selten, obwohl sie auch vorkommen (in europäischen Meeren wird eine Braunalgenart nur von einer bestimmten Fadenwurmart gefressen, die selbst von keinem Räuber oder Parasiten angegriffen wird; Quelle: STUGREN, 1986, p. 194). Die meisten Nahrungsketten sind mehrgliedrig, können aber nicht beliebig lang sein.

a) Unter welchen Bedingungen spricht man von einer Nahrungskette und wann von einem Nahrungsnetz?
b) Warum umfaßt eine Nahrungskette meist nicht mehr als fünf Glieder?
c) Welche Angaben des vorliegenden Beispiels zeigen, daß man die Nahrungsketten oder -netze eines Ökosystems nicht unabhängig von denen anderer Ökosysteme betrachten darf?
d) Insektenfresser wie die Zwergspitzmaus oder der Igel haben einen sehr hohen täglichen Nahrungsbedarf und sind damit unmittelbare Regler der Arthropoden-Population. Stellen Sie anhand eines ausgewählten Beispiels aus dem Spitzmaus-Nahrungsnetz zunächst in einem einfachen, dann in einem zusammengesetzten Pfeildiagramm die Regulationsmöglichkeiten dar.
e) In Abb. 44 sind zwei andere Formen der Nahrungsketten angegeben; worin unterscheiden sie sich von dem bisher bekannten Beispiel?

Abb. 44 Parasiten- und Zersetzerkette

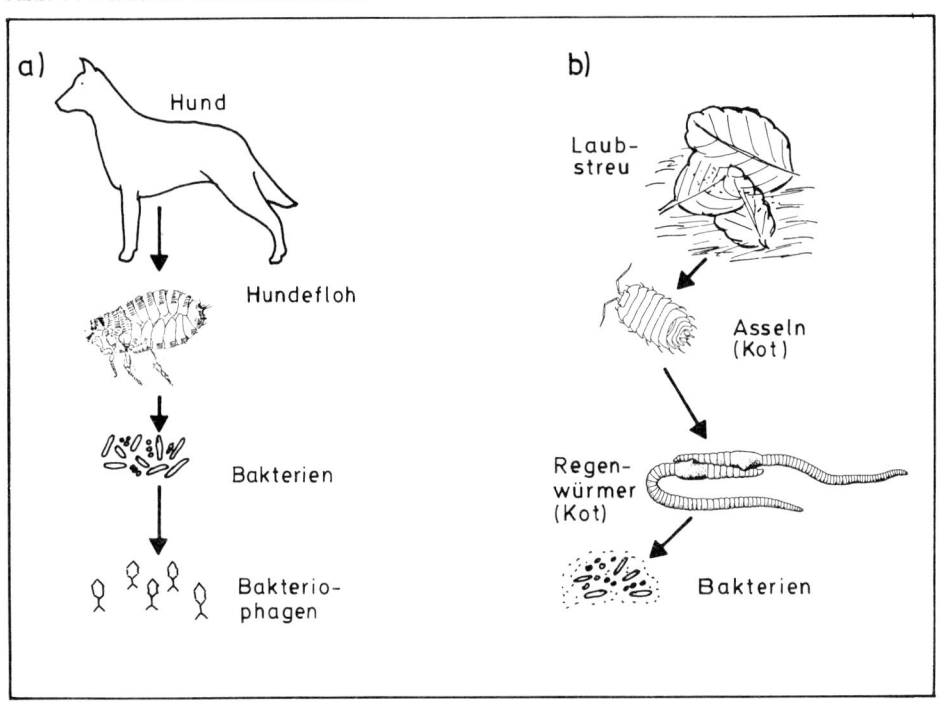

(3) *Ökologische Pyramiden*

In **Zahlenpyramiden** wird die Dichte der Organismen, d. h. die Individuenzahl pro Flächeneinheit, in den einzelnen Nahrungsstufen (Trophieebenen) zueinander in Beziehung gesetzt. In der **Biomassepyramide** erfolgt eine Aufzeichnung der Biomasse (Trocken- oder Frischgewicht pro Fläche oder Volumen) für die einzelnen Glieder der Nahrungskette. Die **Energie- oder Produktivitätspyramide** hingegen gibt Auskunft über die Energiegehalte der aufeinanderfolgenden Stufen.

a) Welche Formen können die genannten Pyramiden für das Spitzmausbeispiel haben?
b) Warum lassen sich eigentlich nur aus der Energiepyramide Schlußfolgerungen im Hinblick auf die Leistung des Ökosystems ziehen?
c) Unterscheiden sich die Pyramiden für Parasiten- oder Zersetzerketten von den vorliegenden?
d) Warum ergibt sich eine „verkehrte" Pyramide, wenn man das Gebiet angibt, in dem ein Lebewesen der jeweiligen Trophieebene seine Nahrung findet?
e) Da die ökologischen Pyramiden jeweils von Nahrungsketten ausgehen, trägt die Produzentengemeinschaft eines Gebietes mehr als eine Pyramide. Jede ist gekennzeichnet durch eine bestimmte Nahrungskette, an deren Ende jeweils ein anderer Gipfel-Carnivore steht. Wie läßt sich hieraus erklären, daß der Waldkauz in etwa 30 Nahrungsketten als Endkonsument auftritt?

C. Der Energiefluß und die Stoffkreisläufe

(1) *Vorüberlegungen*

Wie bereits zum „Boden" und der Wirkung der abiotischen Faktoren erarbeitet wurde, ist die Photosyntheseleistung der grünen Pflanzen ein wesentlicher Motor im Stoffumsatz der Ökosysteme. Die tropischen Wälder haben eine relativ hohe Nettoprimärproduktion und vergleichsweise viel pflanzliche Biomasse, es gibt kaum Humus, jedoch zahlreiche große Bäume. In unseren Wäldern ist die Humusschicht groß und die Nettoprimärproduktion bzw. pflanzliche Biomasse im Vergleich geringer.

a) Warum ist der Boden im tropischen Regenwald verarmt?
b) Welche Faktoren der Stoffkreisläufe spielen eine wesentliche Rolle im Ökosystem?

(2) *Der Energiefluß*

Vergleicht man die Energiebilanz einer Insektenraupe, eines Salamanders und eines Eichhörnchens, so zeigt sich, daß von der als 100% gesetzten Nahrung beim Eichhörnchen und Salamander unter 20%, bei der Raupe aber beinahe 85% über Urin und Kot ausgeschieden werden. Das Eichhörnchen setzt in der Zellatmung ca. 80% um und speichert nur etwa 2%, während der Salamander und die Raupe nur 32% bzw. 9% veratmen. Obwohl die Raupe eigentlich das Wachstumsstadium der Insekten darstellt, speichert sie nur 6%, der Salamander hingegen 49%.

a) Durch welche Faktoren werden die Unterschiede zwischen den drei genannten Tieren hervorgerufen?

b) Welche Bedeutung kommt dem Raupenstadium der Insekten im Hinblick auf den Energiefluß zu?
c) Warum spricht man vom **Energiefluß** und nicht vom Energiekreislauf?

(3) *Die Stoffkreisläufe*

Neben eingehenden Untersuchungen zum Energiefluß in einem Ökosystem wird man stets auch die Stoffkreisläufe als zweites, wichtiges Merkmal verfolgen. Jeder Mineralbestandteil macht dabei seinen charakteristischen Kreislauf durch das Ökosystem durch und wird nicht nur im Hinblick auf seinen Transport durch die Nahrungskette, sondern auch in bezug auf Export oder Import aus anderen Ökosystemen bzw. aus den „Reservepools" analysiert. Die Bedeutung des Kohlenstoffs ist durch den Aufbau der Kohlenhydrate in der Photosynthese und seiner Anwesenheit in allen organischen Verbindungen offensichtlich. Damit eng verbunden ist die Bedeutung des Sauerstoffs, der in der Photosynthese gebildet und zur Zellatmung benötigt wird. Stickstoff liegt hinter dem Wasserstoff an 4. Stelle, wenn man die Gewichtsanteile in der Trockensubstanz der Pflanzen untersucht. Als Bestandteil der Proteine und Nucleinsäuren ist er von zentraler Bedeutung für die Organismen; in der Atmosphäre ist er zwar mit 78% vorhanden, kann aber nur von wenigen Prokaryonten direkt gebunden werden. Dem Phosphor kommt eine ebenso große Bedeutung zu, da er in wichtigen Strukturkomponenten (z. B. in Nucleinsäuren und Phospholipiden) und vor allem im Energiehaushalt (siehe ATP) eine Rolle spielt. Auch weitere Mineralien wie Schwefel, Kalium, Calcium oder Magnesium werden über Kreisläufe umgesetzt (vgl. Aufg. 5 auf Seite 12 des Übungsheftes und LIEBIG-Faß auf Seite 12 des Lösungsheftes).

a) Analysieren Sie anhand der Abb. 45 die Stoffkreisläufe unter folgenden Gesichtspunkten:
 – Was stellt jeweils den „Reservepool" dar?
 – In welchen Vorgängen oder Substanzen wird das Element von den Organismen benötigt?
 – Wie wird der Reservepool wieder aufgefüllt?
b) Warum hat der Phosphatkreislauf im Vergleich zu den anderen Zyklen eine Sonderstellung?
c) Welche Folgen hat die intensive Bewirtschaftung großer Feld- oder Waldflächen für den Stickstoffkreislauf?

Abb. 45 Kreisläufe der wichtigsten Elemente (nach MOHR, 1978, p. 254; verändert)

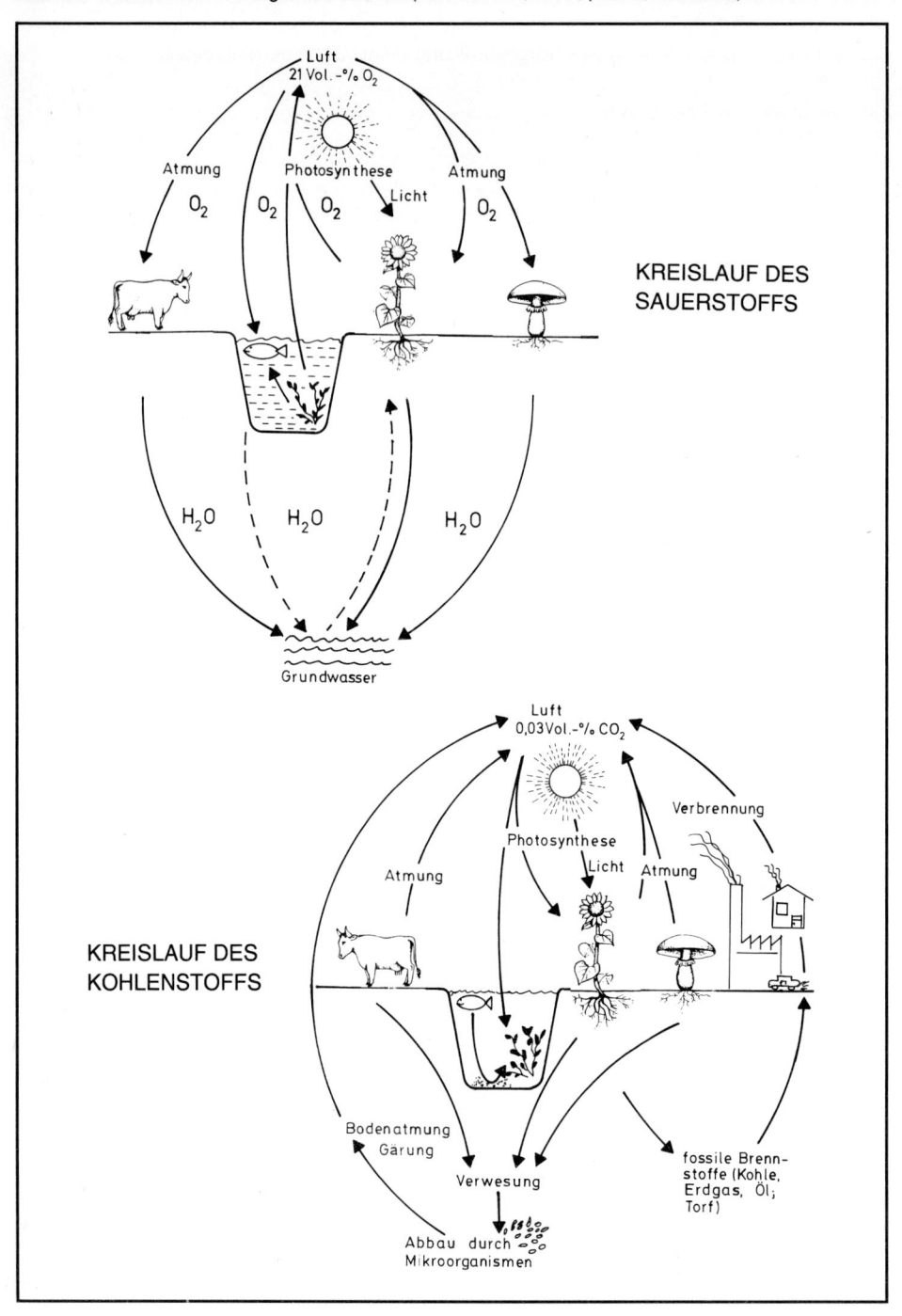

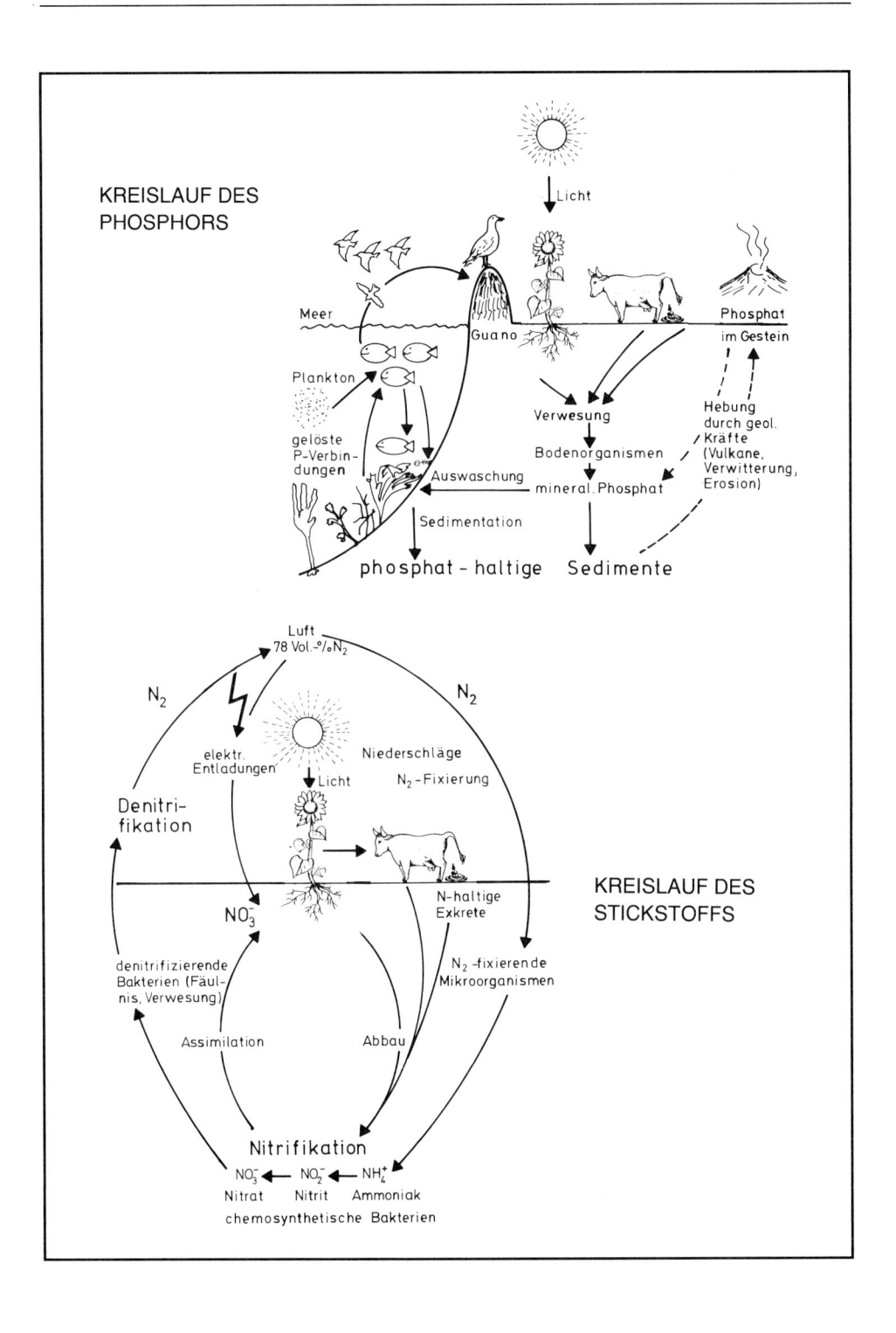

KREISLAUF DES PHOSPHORS

Licht

Meer — Guano — Phosphat im Gestein

Plankton

gelöste P-Verbindungen

Auswaschung

Verwesung
Bodenorganismen
mineral. Phosphat

Hebung durch geol. Kräfte (Vulkane, Verwitterung, Erosion)

Sedimentation

phosphat-haltige Sedimente

KREISLAUF DES STICKSTOFFS

Luft 78 Vol.-% N_2

N_2

elektr. Entladungen

Niederschläge
N_2-Fixierung

Licht

Denitrifikation

NO_3^-

N-haltige Exkrete

denitrifizierende Bakterien (Fäulnis, Verwesung)

N_2-fixierende Mikroorganismen

Assimilation

Abbau

Nitrifikation

NO_3^- ← NO_2^- ← NH_4^+
Nitrat Nitrit Ammoniak
chemosynthetische Bakterien

D. Beispiele für Ökosysteme

(1) *Das Ökosystem See*

Der See soll als ein Beispiel aus dem Bereich „stehende Gewässer" ausgewählt werden, da er nicht nur auf einer Exkursion einfach zu erreichen ist, sondern auch die Übergänge zwischen terrestrischen und aquatischen Ökosystemen verdeutlicht.

In Gewässern bildet sich eine senkrechte **Schichtung** aus, für die im wesentlichen die Lichtverhältnisse verantwortlich sind. Die auf die Wasseroberfläche auftreffende Strahlung wird in unterschiedlichem Maß verändert: so ist z. B. in klarem Wasser in einem Meter Tiefe bereits 80% der Wärmestrahlung absorbiert, jedoch nur 5% des blaugrünen Lichts. In wenig bewegten Gewässern kommt es daher zur „Temperaturschichtung" und Pflanzenzonierung (vgl. Abb. 46). Letzteres wird vor allen Dingen durch die unterschiedliche Fähigkeit der Pflanzen hervorgerufen, mit Licht bestimmter Wellenlänge und Intensität noch Photosynthese im ausreichenden Maß zu betreiben; hinzu kommt, daß Tauchblattpflanzen – wie andere Samenpflanzen auch – in ihrem Gewebe Gas enthalten und so nur den Wasserdruck bis zu einer Tiefe von ca. 8 m aushalten. Da die Algen nicht solche Gase in ihren Blättern besitzen, können sie bis zur Lichtgrenze existieren.

In der **Kompensationsebene** entspricht tagsüber die Bruttoproduktion der Pflanzen ihrer Atmung; die darüber liegende **Nährschicht** (hauptsächlich das Phytoplankton) produziert im Überschuß; die darunter liegende **Zehrschicht** ist nicht nur auf die Bestandsabfälle „von oben", sondern auch auf den Sauerstoff angewiesen. Es existieren jedoch auch umgekehrte Abhängigkeiten: würden in der Zehrschicht keine Mineralisierungsprozesse ablaufen, könnten auch die Pflanzen der oberen Schichten nicht existieren (vgl. Stoffkreisläufe).

Der See bietet verschiedenartige **Biotope** an: zunächst bilden sich im Uferbereich sog. Saumbiotope aus, in denen sich charakteristische Tier- und Pflanzenarten einnischen (siehe z. B. auch Abb. 30): in der Uferzone findet man z. B. an wasserreiche Standorte angepaßte Kräuter, Seggen und Moose (vgl. Blattquerschnitte in Abb. 12), während in der angrenzenden Schilfzone Binsen, Rohrkolben und das Schilf überwiegen. Hierher gehört ebenfalls eine charakteristische Tierwelt (z. B. Wasserfrosch, Rohrdommel, Rohrsänger und Schilfkäfer) und die Nistplätze der Wasservögel.

Die etwas tiefer angesiedelten Schwimmblattpflanzen (Wasserknöterich, Seerose) bieten noch zahlreichen Insekten, Spinnen, Schnecken und Wasserläufern einen Lebensraum. In beruhigten Zonen können die Larven der Stechmücken oder die Netze der Wasserspinnen angesiedelt sein. Auch die anschließende Zone der Unterwasserpflanzen (Laichkräuter, Armleuchteralgen u. ä.) ist noch vom Uferboden geprägt. Im freien Wasser findet man dann vor allem Wasserflöhe, -asseln und -milben sowie Hüpferlinge, Rädertierchen, Flohkrebse und verschiedene Larvenstadien. Daneben existieren Raub- und Friedfische; außerdem gehen im ganzen Bereich Enten und Teichhühner auf Nahrungssuche.

Abb. 46 Zonierung im See

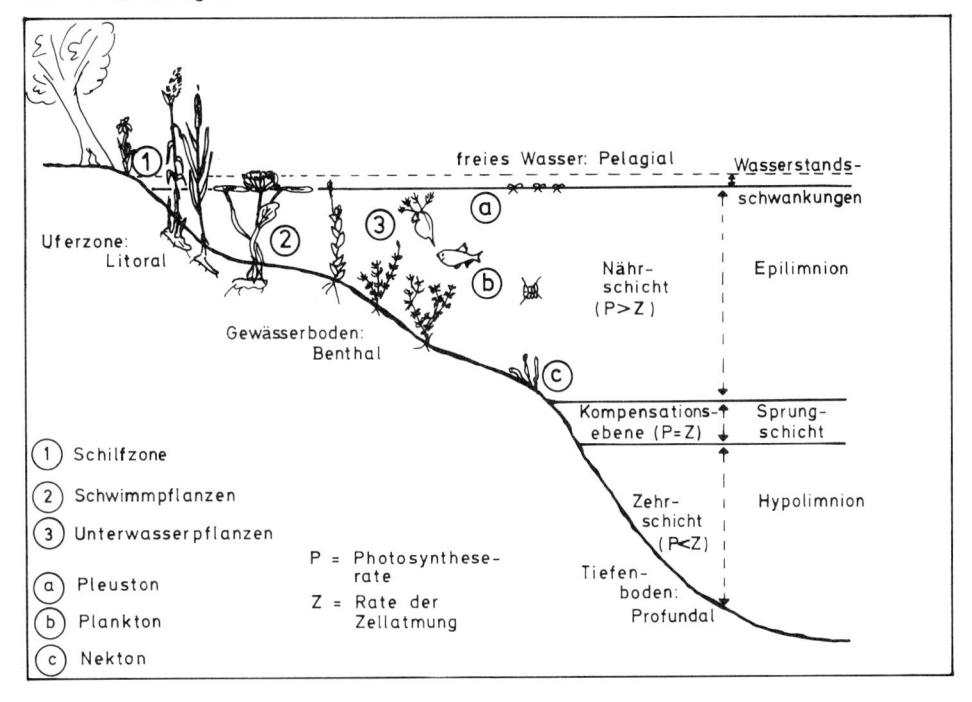

freies Wasser: Pelagial — Wasserstandsschwankungen

Uferzone: Litoral

Gewässerboden: Benthal

Nährschicht ($P>Z$) — Epilimnion

Kompensationsebene ($P=Z$) — Sprungschicht

Zehrschicht ($P<Z$) — Hypolimnion

Tiefenboden: Profundal

① Schilfzone
② Schwimmpflanzen
③ Unterwasserpflanzen
ⓐ Pleuston
ⓑ Plankton
ⓒ Nekton

P = Photosyntheserate
Z = Rate der Zellatmung

Abb. 47 Vereinfachtes Nahrungsnetz im See

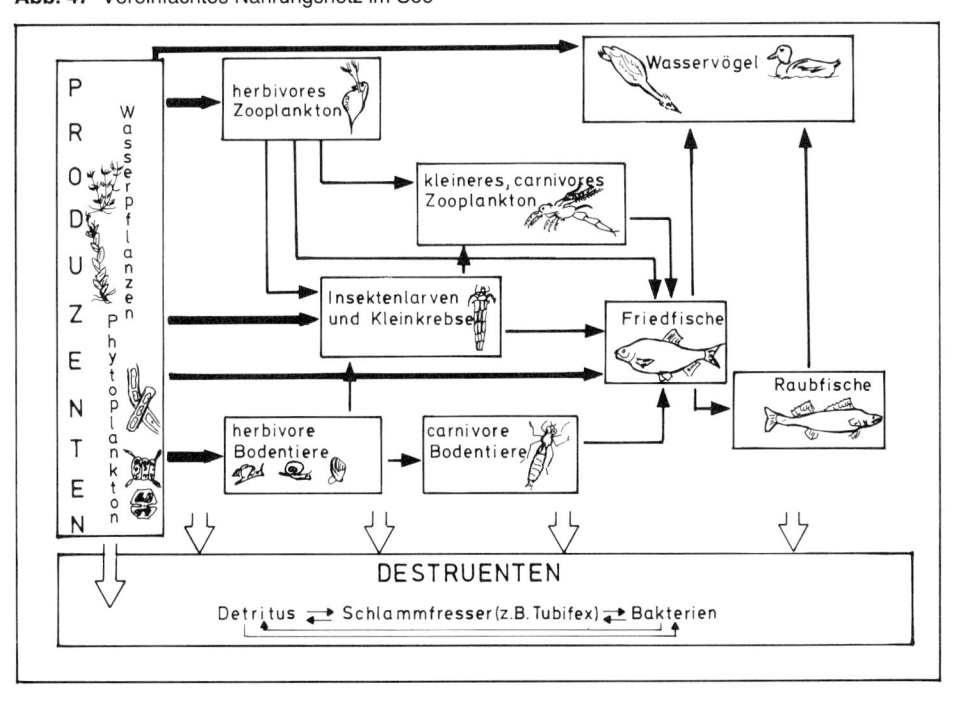

PRODUZENTEN: Wasserpflanzen, Phytoplankton

- herbivores Zooplankton
- kleineres, carnivores Zooplankton
- Insektenlarven und Kleinkrebse
- herbivore Bodentiere
- carnivore Bodentiere
- Friedfische
- Raubfische
- Wasservögel

DESTRUENTEN
Detritus ⇌ Schlammfresser (z.B. Tubifex) ⇌ Bakterien

a) Klären Sie die in der Abb. und dem Text auftretenden Begriffe und Zusammenhänge!
b) Stellen Sie an einem See in Ihrer näheren Umgebung fest,
   - welche Pflanzen und Tiere (auch Zoo- und Phytoplankton) vorhanden ist;
   - in welcher Form dort das Nahrungsnetz zutrifft;
c) Eutrophe Seen können mit zunehmendem Alter verschiedene Stadien durchlaufen (**Sukzession**) und durch Verlandungsvorgänge z. B. zum Moor werden. Ermitteln Sie durch Befragung und Boden- bzw. Vegetationsuntersuchung, ob der von Ihnen ausgewählte See ebenfalls solchen Veränderungen unterworfen ist!

(2) *Das Ökosystem Wald*

Auch der Wald zeigt eine vertikale **Schichtung,** die vom Waldtyp abhängig ist (Abb. 48). Im Boden, auf der unmittelbaren Bodenoberfläche und in der oberirdischen Schicht findet man je nach Untergrund und Klima verschiedenartige Ausprägungen, die zu unterschiedlichen weiteren Unterteilungen führen: so sind z. B. die tropischen Regenwälder nicht nur durch die Anordnung der Starklicht- und Schwachlichtpflanzen gegliedert, sondern bieten auch in Astgabeln oder auf den Zweigen größerer Bäume durch die Anreicherung von Humus weiteren Pflanzen eine Lebensmöglichkeit. Die obere Bodenschicht und die Streu offeriert zahlreichen Bodenbewohnern eine ökologische Nische. Diese Tiere sind auch i. a. „schichtenkonstant", während die Angehörigen der oberirdischen Schicht häufig je nach Aktivitätsphase oder Entwicklungsstadium ihre Schichtzugehörigkeit wechseln.

Der Laubmischwald könnte an fast allen Standorten Mitteleuropas vorkommen, wenn der Mensch nicht weite Flächen gerodet und in Ackerland umgewandelt hätte (vgl. Abb. 49). Wie bereits der einführende Text 2 (Seite 1) zeigt, begann die Waldzerstörung schon einige hundert Jahre v. Chr. und reichte zunächst ohne Wiederaufforstungsmaßnahmen bis ins 18. Jahrhundert. In neuerer Zeit ist zwar die Wiederaufforstung häufig keine Anlage von Monokulturen – wie sie anfangs zur Anlage der „Holzäcker" betrieben wurde – mehr, sondern wird unter ökologischen Gesichtspunkten betrieben. Sie kann aber dem immer schneller fortschreitenden Waldsterben kaum noch Einhalt gebieten, so daß nun wieder Versteppung, Verheidung oder Verkarstung sowie zunehmende Bodenerosion drohen.

Abb. 48 Schichtung in verschiedenen Waldtypen

Kronenschicht
Baumschicht
Stammschicht
Strauchschicht
Krautschicht

ca. 40 m

Moosschicht

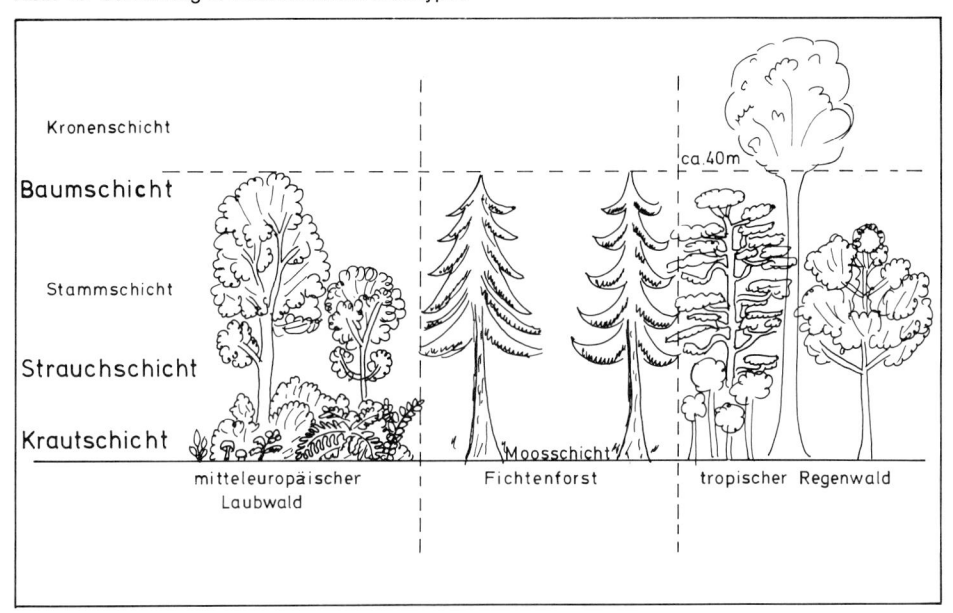

mitteleuropäischer Laubwald · Fichtenforst · tropischer Regenwald

Abb. 49 Landschaftsprofil bei Nutzung und mögliche natürliche Vegetation (nach HOFMEISTER, 1983, p. 12)

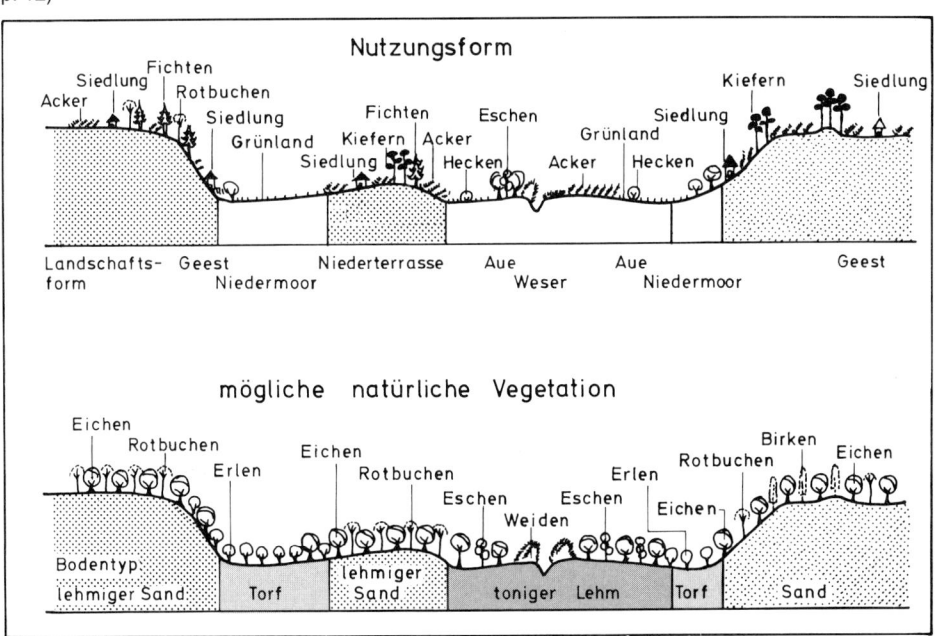

Nutzungsform

Siedlung · Fichten · Rotbuchen · Siedlung · Fichten · Eschen · Siedlung · Kiefern · Siedlung
Acker · Grünland · Kiefern · Acker · Grünland
Siedlung · Hecken · Acker · Hecken

Landschaftsform: Geest · Niedermoor · Niederterrasse · Aue Weser · Aue Niedermoor · Geest

mögliche natürliche Vegetation

Eichen · Rotbuchen · Erlen · Eichen · Rotbuchen · Eschen · Eschen · Rotbuchen · Birken · Eichen
Weiden · Eichen

Bodentyp: lehmiger Sand · Torf · lehmiger Sand · toniger Lehm · Torf · Sand

Abb. 50 Nahrungsnetz im Wald (nach GRAF, 1980, p. 23)

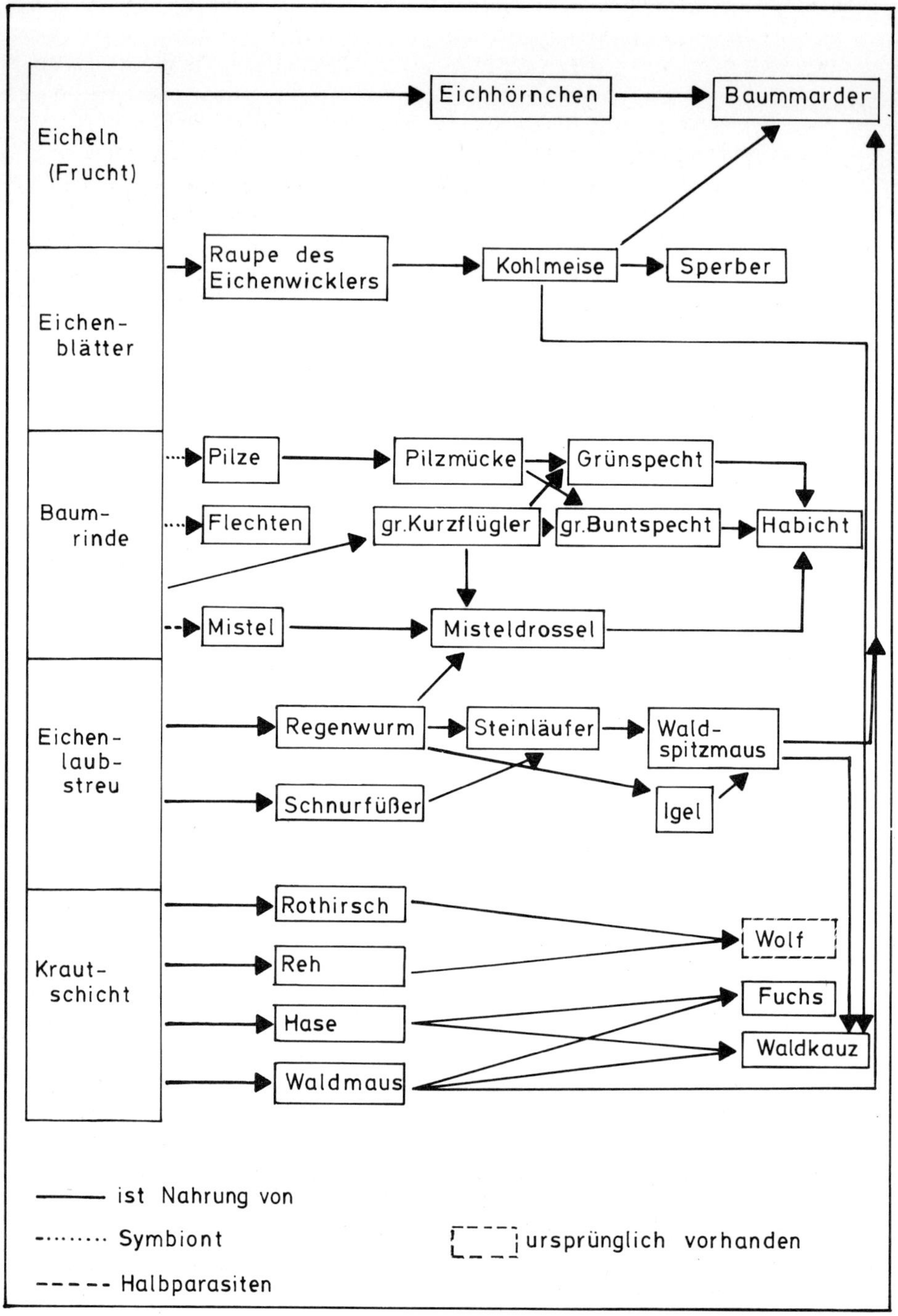

Obwohl unsere heutigen Wälder also nicht mehr „natürlich" sind, kann man sie trotzdem als naturnah bezeichnen. Abhängig vom Boden (siehe Seite 26 ff.) findet man unterschiedliche Waldgesellschaften:
- weit verbreitet sind in Deutschland die **Rotbuchenwälder,** die nur an extremen Standorten fehlen und die abhängig von den jeweiligen Standortbedingungen eine mehr oder weniger üppige Kraut- und Moosschicht zulassen;
- **Schluchtwälder** hingegen bevorzugen schattige und luftfeuchte Nordhänge und Gebirgsschluchten und werden im wesentlichen von Ahorn- und Eschenarten gebildet; die Krautschicht weist großblättrige, rasch wachsende Schattenpflanzen auf;
- **Eichen-Hainbuchenwälder** können als Sekundärgesellschaften zu den Buchenwäldern auftreten (sofern diese noch nicht zu hoch sind); außerdem kommen sie in Niederungen vor, die durch Stau- oder Grundwasser beeinflußt sind bzw. schlecht durchlüfteten Untergrund aufweisen; hier sind sie den Buchen überlegen; die gut entwickelte Krautschicht weist meist einen ausgeprägten Frühjahrsaspekt auf;
- **Auenwälder,** die von Eschen und Ulmen geprägt sind, findet man meist am Unterlauf großer Flüsse; Artenreichtum, differenzierte Schichtung und eine ausgeprägte Aspektfolge im Laufe des Jahres sind ebenso charakteristisch wie die feuchtigkeitsertragenden und den Nährstoffreichtum anzeigenden Arten der Krautschicht;
- die wärmegebundenen **Eichenmischwälder** sind ebenso wie der **Eichen-Birkenwald** durch Konkurrenz auf Spezialstandorte abgedrängt.
(Quelle: HOFMEISTER, 1983, p. 199 ff.)
a) Erläutern Sie anhand der Abb. 48 und des Textes, was man unter dem „**Stockwerksbau**" des Waldes versteht und wodurch er zustande kommt!
b) Warum findet man eine dem Boden unmittelbar auflagernde Moosschicht nur am Waldrand (z. B. in der Nähe von Nadelbäumen), auf Baumstümpfen oder auf Steinen und nicht unter Laubbäumen?
c) Erläutern Sie den Zusammenhang zwischen der **Aspektfolge** und dem **Maximum der pflanzlichen Stoffproduktion** während des Jahres!

(3) *Meeresküsten als Ökosysteme*

Ob und in welchem Ausmaß die Meeresküsten besiedelt werden können, hängt nicht zuletzt von der Wirkung ab, die Wind und Wellen ausüben. Je nach Bodenuntergrund und Steilheit entsteht dadurch aus dem Fels das Geröll, der Kies oder der Sand und auch das dahinterliegende Land wird – wenn z. B. Flugsand zu Dünen aufgeschichtet wird – durch Wind und Wasser beeinflußt. Die Gezeitenzone, die den Übergangsbereich zwischen Wasser und Land darstellt und relativ breit sein kann (wie z. B. das Wattenmeer der Nordsee zeigt), bietet extreme Lebensbedingungen: Trockenperioden und Überflutungen, starke Schwankungen der Temperatur und des Salzgehaltes, erhöhte UV-Strahlung und die Notwendigkeit, rechtzeitig geeignete Schlupfwinkel aufzusuchen, um vor Ebbe oder Flut geschützt zu sein. Bei Flut sind daher andere Organismen aktiv als bei Ebbe.
Neben diesen extremen abiotischen Bedingungen findet man insbesondere im **Sand**- oder **Schlickwatt** – in dem Anheftungsmöglichkeiten für sessile Meerestiere fehlen – ungewöhnliche, kleinere Biozönosen: gelingt es z. B. Pflanzen oder Tieren (wie beispielsweise der Auster), sich festzuheften, so erscheinen in ihrem Gefolge eine große

Anzahl sessiler Arten, die sich auf den Austernschalen oder Pflanzen ansiedeln. Bessere Besiedlungsmöglichkeiten finden Pflanzen und Tiere in den Tropen. Die **Mangrove** (der sog. „Gezeitenwald") wird von salzresistenten Gehölzarten gebildet, die dort gedeihen, wo der Küstensaum weder allzu starker Brandung noch kalten Meeresströmungen ausgesetzt ist. Hier ergeben sich zahlreiche Anheftungsmöglichkeiten, ja sogar regelrechte Stockwerke ähnlich einem normalen Wald. An **Felsküsten** findet man stets eine ausgeprägte Zonierung zwischen der Hoch- und Niedrigwasserlinie; nur in den Tropen und an den arktischen und subarktischen Küsten ist diese Zonierung weniger stark. Häufig bieten steil aufragende Felsen oder Klippen zahlreichen verschiedenen Vogelarten die Möglichkeit, zu brüten (Vogelfelsen von Helgoland; „Guano-Inseln" und Steilküsten Perus; vgl. Abb. 31, Seite 43). Diese Tiere versorgen sich und ihre Nachkommen jedoch aus dem angrenzenden Ökosystem Meer und tragen damit auch zum Stoffkreislauf zwischen den Ökosystemen (vgl. z. B. Abb. 45) bei.

a) Welche Faktoren tragen zum Entstehen von Ebbe und Flut bei?
b) Im Text sind verschiedene biotische und abiotische Faktoren angesprochen, die zeigen, daß die Bewohner der Meeresküsten besonders anpassungsfähig sein müssen. Erläutern Sie deren Wirkung entsprechend den in Teil III und IV erarbeiteten Beziehungen!
c) Abb. 51 zeigt das Schlüpfen der marinen Zuckmücke; auf der Abszisse sind die Monatstage sowie die Mondphasen und auf der Ordinate die Tageszeit dargestellt; die Gezeiten werden durch die Verbindung der beiden täglichen Niedrigwasser deutlich. Interpretieren Sie die Darstellung!

Abb. 51 Schlüpfaktivität der marinen Zuckmücke (aus TISCHLER, 1984, p. 218) im Felswatt von Helgoland

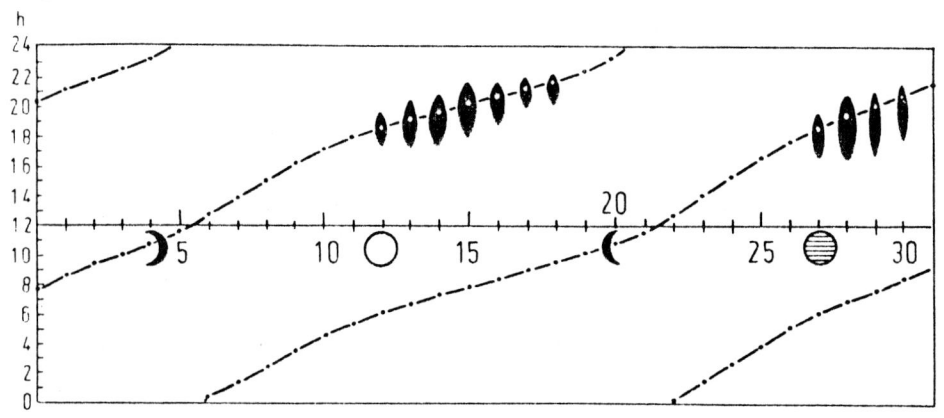

(4) *Fließgewässer*

Der Begriff „Fließgewässer" beschreibt sowohl die Quellen, Bäche und Flüsse als auch die Auen und Altarme, die sich durch deren Einfluß bilden. Sie sind sehr stark von den Bedingungen abhängig, die in den Einzugsgebieten herrschen. Anhand dieser Ökosysteme kann man besonders gut den Einfluß des Menschen deutlich machen: Begradigung der Gewässerläufe, die Einleitung von Abwässern, das Aufstauen des Wassers sowie der Austausch von Waldgesellschaften (vgl. Abb. 49) im Einzugsgebiet führen zu geänderten Verhältnissen in diesen von Land und Wasser bestimmten Ökosystemen. Dabei sind jeweils die Übergänge zwischen den Fließgewässern und den stehenden Gewässern im wahrsten Sinne des Wortes fließend und ebenso wie die Meeresküsten von Gefälle und Untergrund abhängig. Im einzelnen kann man folgende Regionen im Verlauf eines Fließgewässers unterscheiden:
- in der **Quellzone** kommt das meist sehr kalte Wasser aus dem Boden, der Sauerstoffgehalt ist mäßig und es gibt kaum eine Besiedlung;
- die anschließende **Gebirgsbachregion** teilt sich in die Forellen-, Äschen- und Barbenregion entsprechend den dort vorherrschenden Fischarten; sie ist stets sauerstoffreich und im oberen Abschnitt konstant kalt mit einer kräftigen Strömung; der mittlere und letzte Abschnitt ist demgegenüber nicht mehr so rasch strömend und durch steigende Temperaturen mit immer reicherer Flora besetzt;
- die anschließende **Tieflandflußregion** wird durch die Brachsen und Kaulbarsche charakterisiert; infolge der geringen Fließgeschwindigkeit wird das Wasser trüb, sauerstoffarm, relativ warm und der Pflanzenwuchs nimmt ab; in der Brackwasserzone sind Strömung, Salzgehalt und Sauerstoffversorgung wechselnd und das Wasser ist meist sehr trüb.

a) Welche Anpassungen müssen die Pflanzen und Tiere der Gebirgsbach- bzw. Tieflandflußregion entwickelt haben?
b) Wie verändert sich der Gewässerboden von der Quelle bis zur Mündung?
c) Die Strömung sorgt einerseits dafür, daß ständig Nährstoffe und Sauerstoff herantransportiert werden, andererseits werden durch die Strömungsverhältnisse aber auch besonders morphologische und ethologische Anpassungen notwendig. Skizzieren Sie die Strömungsverhältnisse an einem großen, mittleren und einem kleinen Stein und erklären Sie hieraus Körperform und Verhalten der in Abb. 52 dargestellten Larven der Eintagsfliegen.
d) Warum „mäandriert" ein Fluß unter natürlichen Bedingungen?

Abb. 52 Verhalten der Fliegenlarven bei unterschiedlicher Strömung (nach SCHWOERBEL, 1980, p. 53)

E. Der Mensch als Umweltfaktor

(1) *Vom Menschen geschaffene Biotope*

Weltweit sind die früher vorhandenen Waldflächen auf kleine Restwälder innerhalb größerer Agrarlandschaften und Wüstengebieten eingeengt worden; die ehemaligen Waldbewohner mußten sich dem neuen Landschaftstyp entweder anpassen, innerhalb der eingeengten Waldflächen gegen einen erhöhten Konkurrenzdruck kämpfen oder aussterben. So findet man zahlreiche Waldtiere in Hecken, Obstgärten und Parks wieder; dies sind vom Menschen geschaffene Biotope, die bei ökologisch sinnvoller Plazierung sogar regulierend eingreifen: sind z. B. durch Waldhecken gegliederte Agrarlandschaften vorhanden, so findet man keine Massenvermehrung der Feldmaus, während es in heckenlosen Gebieten immer wieder größere Feldmausplagen oder Schäden durch Saatkrähen gibt (TISCHLER, 1984, p. 350).
a) Ermitteln Sie vom Menschen geschaffene Biotope in Ihrer Umgebung!
b) Welche Besonderheiten ergeben sich für ein Ökosystem, das – wie z. B. ein Park mittlerer Größe – durch Verkehrsverbindungen oder Häuser von anderen Ökosystemen abgeschnitten ist?

(2) *Funktionsschema Mensch–Umwelt*

Pflanzen und Tiere sind somit nicht nur den bisher ausführlich betrachteten biotischen und abiotischen Einflüssen, sondern auch sog. **anthropogenen Faktoren** ausgesetzt: Lärm vertreibt z. B. zahlreiche Tiere aus ihren Revieren, Abgase verpesten die Luft, und Chemikalien verändern die Boden- und Gewässerzusammensetzung. Die Zerstörung des ökologischen Gleichgewichts ist dabei sehr viel einfacher und schneller zu erreichen als seine Wiederherstellung und bedarf dann eines sehr viel größeren Aufwandes. Letztlich hat sich jedoch schon weitgehend die Erkenntnis durchgesetzt, daß zahlreiche schädigende Substanzen und Belastungen der Umwelt, die der Mensch produziert, wieder auf ihn zurückwirken. Ob und wie schnell derartige Einsichten auch zu umweltbewußten Maßnahmen führen, hängt vom Verhalten jedes einzelnen ab. Um diese Einsichten zum Abschluß zu verdeutlichen, sind im folgenden zwei Schemata dargestellt, die das Beziehungsgefüge des Menschen zu seiner Umwelt verdeutlichen sollen. Aus der Tagespresse lassen sich jederzeit Beispiele für die einzelnen Zusammenhänge finden. Umfangreiches Prospektmaterial erhält man auch beim Umweltbundesamt (1000 Berlin, Postfach), beim Bundesministerium des Innern (5300 Bonn, Postfach) und den jeweiligen Landesregierungen; der aktuelle Stand zur Wasserbelastung, zu Waldschäden, zur Abfallbeseitigung, den Lärmschutzmaßnahmen, Emissionsvorschriften oder Abwasserreinigung kann so jederzeit im Rahmen des dargestellten Beziehungsgefüges diskutiert werden.

Abb. 53 Funktionsschema Mensch–Umwelt unter Berücksichtigung negativer Rückwirkungen (aus KREEB, 1974, p. 137)

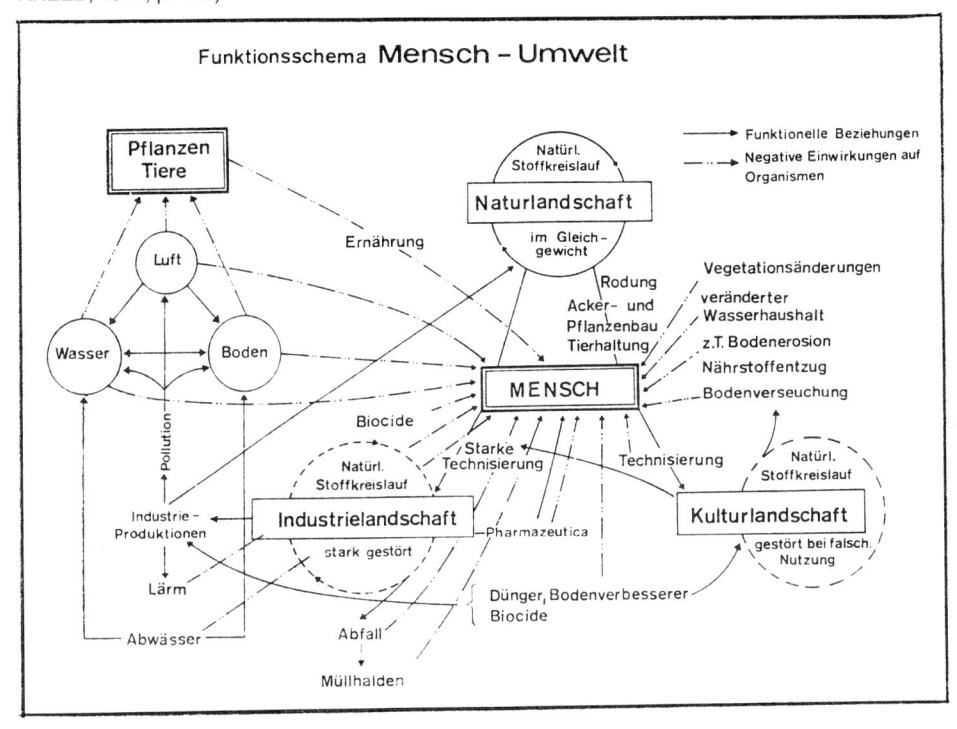

Abb. 54 Belastungen der Umwelt durch anthropogene Einflüsse (aus KREEB, 1974, p. 138)

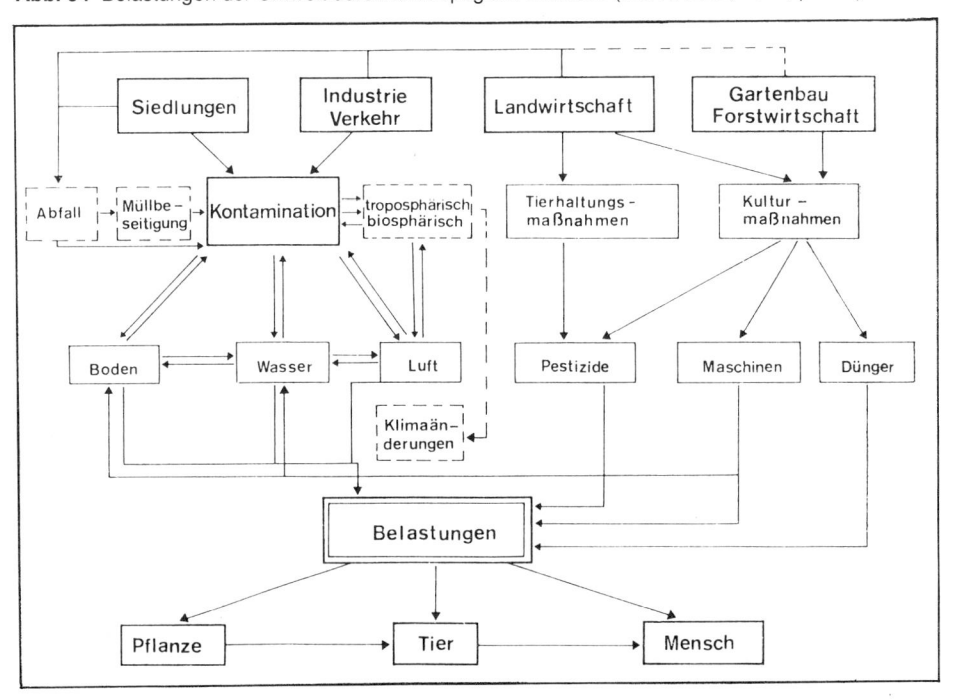

Glossar ÖKOLOGIE

(Die Ziffern in Klammern beziehen sich auf die Seitenzahlen des Übungsheftes. Es sind auch Begriffe aufgenommen, die im Lösungsheft zu diesen Seiten verwendet werden.)

A

ABIOTISCHE FAKTOREN (2): Wirkungen, die von der unbelebten Natur ausgehen, z. B. physikalische Faktoren wie Licht, Temperatur oder chemische Faktoren wie Wasser- oder Boden-pH; drücken sich allgemein in Klima, Lage- und Bodenbeschaffenheit aus

ABUNDANZ (45): Populationsdichte in einem bestimmten Gebiet; diese Häufigkeit der Organismen − bezogen auf eine Flächen- oder Raumeinheit − wird oft durch Zahlen von 1−7 gekennzeichnet (z. B. 1 = selten, 3 = nicht zu übersehen, 5 = bestandbildend, 7 = Massenvorkommen) oder durch Prozentangaben beschrieben (z. B. wenn mehr als 2% der Gesamtindividuenzahl von einer einzigen Art gestellt wird, bezeichnet man sie als dominant)

AGGREGATE (14): Vereinigung von Molekülen zu größeren Verbänden oder lockere Zusammenlagerung von Molekülen bzw. Ionen

ALKOHOLISCHE GÄRUNG (6): Umwandlung von Glucose in Äthanol und Kohlendioxid im anaeroben Stoffwechsel vieler Organismen

ALLENSCHE REGEL (24): Klimaregel, die besagt, daß bei verwandten Säugetierarten oder -rassen die exponierten Körperteile wie Schwänze, Beine oder Ohren in kalten Gebieten relativ kleiner ausgebildet sind als in wärmeren Zonen; „Proportionalitätsregel"

ALLIANZ (34): lockere Partnerschaft mit gegenseitigem Nutzen; besteht zwischen verschiedenen Arten

ANTIBIOSEN (34): jede direkte oder indirekte feindliche Beziehung zwischen verschiedenen Organismen (nach TISCHLER)

ÄQUIFACIALES BLATT (17): das „gleichgesichtige" Blatt hat im Querschnitt eine gleiche Ober- und Unterseite, d. h. die Abfolge der Gewebe von außen nach innen ist bis auf die Leitbündel gleich; Flach-, Rund- und Nadelblatt an unterschiedlichen Standorten; Ggs.: bifacial

ART (43): Species; definiert als natürliche, kontinuierliche Fortpflanzungsgemeinschaft; Gesamtheit aller Individuen, die in allen wesentlichen Merkmalen übereinstimmen; Untergliederung in Rassen oder Unterarten möglich; die Individuen einer Art können sich mit solchen einer anderen Art nicht fruchtbar fortpflanzen

ARTHROPODEN (42): Gliederfüßer; sehr artenreiche Teilgruppe der Gliedertiere, die neben verschiedenen Urformen (z. B. Bärtierchen und Stummelfüßer) im wesentlichen die Krebstiere, Tausendfüßer und Insekten umfaßt

ASPEKTFOLGE (67): Abfolge der Artenzusammensetzung eines Lebensraumes, die im Verlauf des Jahresrhythmus unterschiedliche Erscheinungsbilder insbesondere hinsichtlich der Pflanzengesellschaften zeigt

ASSIMILATION (10): „Angleichung" körperfremder an körpereigene Substanzen; in der Photosynthese z. B. die Umwandlung von Kohlendioxid und Wasser zu Kohlenhydraten in den grünen Blättern

AUFSCHAUKELUNGSKREIS (46): Begriff aus der Kybernetik; beschreibt die Tatsache, daß zwei kausal verknüpfte Größen gleichsinnig korreliert sind; damit werden also Wachstumstendenzen gekennzeichnet, die bei ungehindertem Nachschub zu lawinenartigen Effekten führen können

AUTÖKOLOGIE (3): sie untersucht Einzelorganismen (Individuen einer einzelnen Art) in bezug auf ihre Wechselbeziehungen zu den Umweltfaktoren

AUTOTROPHIE (4): Ernährungsweise der grünen Pflanzen und einiger Bakterien, die sich ohne Mitwirkung anderer Lebewesen versorgen; bei den grünen Pflanzen wird diese Umwandlung durch die Photosynthese, bei den Bakterien durch die Chemosynthese geleistet

B

BENTHAL (62): die Bodenzone eines Gewässers, die zugehörige Lebensgemeinschaft ist das Benthos; in Süßwasserseen ist das Benthal in Litoral und Profundal untergliedert

BERGMANNSCHE REGEL (24): Klimaregel, die besagt, daß Warmblüter aus kälteren Gebieten größer sind als verwandte Arten oder Rassen wärmerer Zonen; „Größenregel"

BIFACIALES BLATT (17): das „zweigesichtige Blatt" läßt im Querschnitt deutlich eine Ober- und Unterseite erkennen, Palisaden- und Schwammparenchym sind gut gegeneinander differenziert; ist bei Pflanzen unterschiedlicher

Standorte vorhanden; Ggs.: äquifaciales Blatt
BIOMASSE (56): Gesamtmasse der in einem Ökosystem vorkommenden Lebewesen; Angaben können in Gramm Frisch- oder Trockengewicht pro Volumen oder Oberfläche erfolgen; Begriff kann sich auch nur auf die durch die Photosynthese entstandenen Substanzen beziehen oder in der Biotechnologie auf die Zellsubstanz von Pflanzen, Tieren oder Mikroorganismen am Anfang eines (biotechnologischen) Verfahrens bezogen sein

BIOSPHÄRE (3): der vom Leben erfüllte Raum der Erde von der obersten Schicht der Erdkruste (einschließlich des Wassers) bis zur untersten Schicht der Atmosphäre; Gesamtheit aller Ökosysteme (Seen, Meere, Flüsse, Wälder, Steppen usw.)

BIOTISCHE FAKTOREN (2): Wirkungen, die von der belebten Natur ausgehen, z. B. von den anderen Mitgliedern der Population oder der Biozönose, der Nahrung oder von Feinden und Konkurrenten

BIOTOP (3): Lebensraum einer Biozönose mit den typischen Umweltbedingungen; er besitzt eine bestimmte Mindestgröße und eine einheitliche, gegenüber der Umgebung abgrenzbare Beschaffenheit (z. B. Hochmoor, Meeresstrand, Teich)

BIOZÖNOSE (3): Lebensgemeinschaft von Pflanzen und Tieren, die durch ernährungsbiologische Abhängigkeiten verknüpft sind (Produzenten, Konsumenten und Destruenten eines Biotops); meist durch bestimmte Charakterarten gekennzeichnet

BRUTFÜRSORGE (20): Verhalten, das die Eltern vor der Geburt bzw. vor der Eiablage zeigen, so daß für die Nachkommen die günstigsten Entwicklungsbedingungen geschaffen werden; z. B. Anlegen von Nestern, Kokons, Schutzbauten oder Bereitstellung von Nahrung für die schlüpfenden Jungen (siehe z. B. Verhalten der Schlupfwespe)

BRUTPFLEGE (33): im Gegensatz zur Brutfürsorge umfaßt die Brutpflege auch das Verhalten der Eltern gegenüber den Nachkommen nach deren Geburt; dient dem Schutz und der Versorgung der Jungen; ist insbesondere bei Vögeln und Säugern, aber auch bei sozialen Insekten (Bienen, Ameisen, Termiten) zu beobachten

BUTTERSÄUREGÄRUNG (6): einige Bakterien (Clostridien), die obligat anaerob leben, bauen Kohlenhydrate und einige organische Säuren über die Glykolyse derart ab, daß sie zwei Acetaldehydmoleküle über mehrere Zwischenschritte zur Buttersäure umwandeln

C

CAM-PFLANZEN (12): C_4-Pflanzen, die die Lichtreaktion und die CO_2-Fixierung in der Photosynthese derart trennen, daß die Spaltöffnungen tagsüber geschlossen bleiben können; damit wird der Wasserverlust auf ein Minimum beschränkt; die Blätter weisen gegen Morgen einen erhöhten pH-Wert auf, da das fixierte CO_2 als Säure (meist Malat) in großen Vakuolen gespeichert wird (diurnaler Säurerhythmus); bei Pflanzen trockener Standort (meist Sukkulente) zu finden

CARNIVORE (54): Fleischfresser; umfaßt sowohl tierfangende und fleischfressende Pflanzen wie auch die Säugetierordnung der Raubtiere oder allgemein der Organismen, die sich von lebender tierischer Substanz ernähren

CERCARIE (39): (Schwanz-)Larve der Trematoden (Saugwürmer) in der dritten Generation, die in der Regel aus der Redie hervorgeht; sie führt bei den meisten Arten über die Metacercarie zum Infektionsstadium, kann aber auch selbst infektiös wirken (z. B. bei Schistosoma)

CHEMOSYNTHESE (7): Aufbau chemischer Verbindungen mit Hilfe synthetisierender Reaktionen entweder im Reagenzglas oder im Gegensatz zur Photosynthese auch in der Zelle (Verwendung einer energieliefernden chemischen Reaktion statt des Lichts)

CHROMOPROTEINE (7): zusammengesetzte Eiweiße, deren funktionelle Gruppe ein Farbstoff ist (z. B. Hämoglobin, Chlorophyll, Flavoproteine, Sehpurpur)

C_4-PFLANZEN (12): höhere Pflanzen, die als erstes CO_2-Fixierungsprodukt in der Photosynthese eine Substanz mit 4 C-Atomen bilden (z. B. Oxalacetat); dies stellt eine Anpassung an hohe Lichtintensitäten und geringes Wasserangebot dar (Hochleistungspflanzen); Blätter zeigen Zellen mit unterschiedlicher Chloroplastenstruktur (Trennung der Lichtreaktion und CO_2-Verarbeitung)

CYTOCHROM (3): Proteine mit einem farbgebenden Anteil (eisenhaltige Hämgruppe); das Eisenatom kann durch den reversiblen Valenzwechsel vom zweiwertigen zum dreiwertigen Zustand Elektronen freisetzen; Bedeutung beim Elektronentransport in der Atmungskette und in der Lichtreaktion der Photosynthese

D

DAUEREIER (23): die Winter- oder Latenzeier sind hartschalige, befruchtete Eier, die geeignet sind, ungünstige Außenbedingungen (Kälte, Trockenheit etc.) zu überdauern; sie werden z. B. von den Wasserflöhen (die Dauereier werden dann als Ephippien bez.), anderen niederen Krebsen, Rädertierchen und Strudelwürmer gebildet; Ggs.: Subitaneier; siehe auch Kryptobiose

DDT (71): Abkürzung für Dichlor-Diphenyl-Trichloräthan; Insektizid mit großer Breitenwirkung und langer Wirksamkeit; gegen dieses Fraß- und Berührungsgift gibt es bereits Resistenzmutationen; aufgrund der langen Abbauzeit (geschätzt über 20 Jahre) und nach großflächiger Anwendung ist es durch Akkumulation in den Nahrungsketten in praktisch allen Organismen nachweisbar (gute Löslichkeit in Fetten); in den meisten Industrieländern wurde die Anwendung eingeschränkt oder verboten

DEMÖKOLOGIE (3): siehe Populationsökologie

DENITRIFIKATION (60): anaerobe Atmung unter Verwendung von Nitraten; bringt relativ großen Energiegewinn; kann in schlecht durchlüfteten Böden zur Nitritanhäufung führen

DESTRUENTEN (54): Organismen, die die organische Substanz toter Lebewesen zu einfacheren Substanzen (letztlich zu Wasser, Kohlendioxid und Mineralien) abbauen. Dazu gehören Saprovore (Abfallfresser) wie z. B. Streu-, Kot-, Aasfresser und verschiedene Wurmgruppen, Insektenlarven und Kleintiere des Bodens; eine weitere Gruppe sind die Mineralisierer (vor allem Bakterien und Pilze), die z. T. als Sekundärdestruenten die noch vorhandenen organischen Verbindungen zu anorganischen Materialien abbauen

DETERGENTIEN (71): oberflächenaktive, seifenfreie Reinigungsmittel (siehe z. B. Tenside, grenzflächenaktive Stoffe und Waschrohstoffe)

DETRITUS (57): Zerfallsprodukte pflanzlichen und tierischen Ursprungs, die von den Destruenten zu anorganischem Material abgebaut werden; „Zerreibsel" oder allgemein die abgestorbene organische Substanz aus allen Trophieebenen

DICHTEABHÄNGIGE FAKTOREN (47): Faktoren, deren Wirkung mit der Individuendichte zunimmt, z. B. Nahrungsmangel, Anhäufung von Stoffwechselprodukten, Gedrängefaktor, Infektionskrankheiten, Einwirkung von Feinden und Parasiten

DICHTEANOMALIE DES WASSERS (14): die Dichte des Wassers ist am größten bei ca. 4°C, kühleres und wärmeres Wasser ist leichter; dies kann in stehenden Gewässern zu stabilen Schichtungen der Wassermassen führen (siehe auch Vollzirkulation oder Stagnation in einem See entsprechend den Jahreszeiten)

DISSIMILATION (10): Energie liefernder Abbau organischer Substanz in lebenden Zellen; hochmolekulare Stoffe (Fette, Kohlenhydrate, z. T. Eiweiße) werden in CO_2 und H_2O zerlegt; siehe Zellatmung und Gärung; durch die Tätigkeit der zum großen Teil in den Mitochondrien lokalisierten Enzymsysteme wird für den Organismus ATP bereitgestellt; Ggs.: Assimilation

E

EDAPHON (16): Lebensgemeinschaft der tierischen und pflanzlichen Bodenorganismen

EISENBAKTERIEN (8): nach MOLISCH (1892) Bakterien, die Eisenverbindungen aus Lösungen ausfällen; die eigentlich eisenoxidierenden Bakterien sind freischwebende oder festsitzende Fäden, die durch die Oxidation von Eisen-(II)- zu Eisen-(III)-Verbindungen Energie für die Chemosynthese gewinnen; bilden häufig den bräunlichen Belag auf Rohren oder Wasseroberflächen

EKTOSYMBIOSE (34): zwischenartliche Wechselbeziehung mit gegenseitigem Nutzen, wobei der Symbiont außerhalb des Wirtskörpers lebt

ENDOSYMBIOSE (34): Zusammenleben zweier Organismen mit gegenseitigem Nutzen, wobei der Symbiont innerhalb des Wirtsorganismus lebt; er kann sich z. B. im Darm oder in der Leibeshöhle, zwischen den Zellen bestimmter Gewebe oder im Cytoplasma spezialisierter Zellen ansiedeln; Ggs.: Ektosymbiose

ENDOXYDATION (10): frühere Bez. für die Reaktionen in der Atmungskette, die zur CO_2- und H_2O-Bildung führen

ENERGIEFLUSS (58): der Energiestrom in einem Ökosystem; in einem entsprechenden Diagramm läßt sich die Umwandlung und Weitergabe der eingestrahlten Sonnenenergie über die Produzenten und Konsumenten zu den Destruenten verfolgen

EPILIMNION (62): die obere, warme und thermisch weitgehend homogene Schicht eines Teichs, die während der Stagnation bis zur Sprungschicht reicht

EPIPHYTEN (38): pflanzliche Organismen, die andere Pflanzen besiedeln, ohne diesen die Nährstoffe zu entziehen (z. B. die Orchideen des tropischen Regenwalds oder Moose und Flechten auf den Rinden unserer Bäume)

EPISITISMUS (34): räuberische Lebensweise; Episiten ist eine andere Bez. für Räuber

ERNÄHRUNG (7): Aufnahme fester, flüssiger oder gasförmiger organischer oder anorganischer Substanzen zur Deckung des Energiebedarfs aller Stoffwechselvorgänge; je nach der Energiequelle unterscheidet man chemo- und phototrophe Vorgänge

ERNÄHRUNGSTYPEN (5): je nach Art der Energiequelle (Chemo- oder Phototrophie), des Elektronendonors (litho- oder organotroph), der Kohlenstoffquelle (auto- oder heterotroph) wird der Gesamtstoffwechsel dann z. B. photolithoautotroph (z. B. bei den grünen Pflanzen) oder chemoorganoheterotroph (Tiere) bezeichnet

EURYÖK (29): Bez. für Organismen, die Schwankungen lebenswichtiger Faktoren innerhalb weiter Grenzen ertragen und daher in verschiedenen Lebensräumen vorkommen können; Ggs.: stenök

EUTROPHIERUNG (64): Anreicherung eines Gewässers mit Nährstoffen; dadurch können sich bestimmte Organismen verstärkt vermehren; Folgen sind Sauerstoffschwund am Gewässerboden (infolge des Sauerstoffbedarfs beim Faulen organischer Substanzen) und allmähliches Verlanden

EVOLUTION (43): die Entwicklung der Lebewesen von niederen, einfacheren Formen bis hin zum Menschen; entsprechend der Deszendenztheorie (Abstammungslehre) sind alle heutigen Lebewesen aus früheren Formen durch eine Weiter- und Höherentwicklung entstanden

EXPONENTIELLES WACHSTUM (52): das Wachstum einer Population entsprechend der Funktion $y = e^x$ oder $y = 2^x$

F

FADENWÜRMER (42): die Nematoden bilden die artenreichste Klasse der Schlauchwürmer, unter denen besonders in den Tropen viele parasitisch leben; sie sind meist weniger als 1 cm lang und der Körper stellt einen Hautmuskelschlauch dar; zu ihnen gehört auch der Spulwurm (Ascaris)

FEUCHTETOLERANZ (11): Widerstandsfähigkeit der auf dem Land lebenden Tiere gegen niedrigere Werte der relativen Luftfeuchtigkeit (Trockenresistenz), selten gegen hohe Luftfeuchtigkeit; sog. Feuchtlufttieren fehlt dabei jeglicher Verdunstungsschutz (Amphibien, Nacktschnecken, viele Bodenorganismen); sog. Trockenlufttiere haben nicht nur versch. Schutzmechanismen, sondern auch die Fähigkeit, die Wasserverluste bei den Ausscheidungsprozessen zu drosseln oder sogar das bei der Zellatmung entstehende Wasser zu nutzen

FORMATION (29): Bez. für eine charakteristisch zusammengesetzte Vegetationsdecke z. B. im Laubwald oder Hochmoor

G

GEDRÄNGEFAKTOR (47): dichteabhängiger, regulierender Faktor; er beschreibt die gegenseitige Beunruhigung und Störung der Individuen bei hoher Populationsdichte; infolge des ständig abnehmenden, individuellen Lebensraums wird somit eine Überbevölkerung vermieden

GLYKOLYSE (11): Umwandlung von Kohlenhydraten zur Brenztraubensäure; der Abbau der Glucose läuft hierbei noch unter anaeroben Bedingungen; ist Sauerstoff vorhanden, wird die Brenztraubensäure in den Citratzyklus eingeschleust; ansonsten können die verschiedenen Gärungsprozesse (z. B. Milchsäureg. oder alkoholische Gärung) einsetzen

GRADATION (47): in der Populationsbiologie wird damit der Gesamtablauf einer Massenvermehrung beschrieben (Erhaltung, Erholung, Begrenzung, Zusammenbruch)

GRUNDUMSATZ (24): Energieverbrauch bei Tieren, wenn keinerlei Aktivität (z. B. Bewegung, Verdauung, Thermoregulation) oder Erregung vorliegt; dieser Basalumsatz wird in Ruhe und beim Temperaturoptimum gemessen und dient der Erhaltung der Lebensfunktionen

GUTTATION (18): aktive Wasserausscheidung bei Pflanzen in feuchtigkeitsgesättigter Luft; erfolgt über sog. Wasserspalten oder haarähnliche Gebilde (Hydathoden) und dient der Aufrechterhaltung des Transpirationsstroms, so daß die Versorgung der Pflanze mit Mineralien gewährleistet ist

H

HABITAT (2): Standort; charakteristischer Wohn- oder Standort einer Art (meist Tiere); Bez. wurde ursprünglich als Begriff für den Standort eines Organismus gebraucht, wird aber jetzt eher im Sinne eines speziellen Biotops verwendet

HALOBAKTERIEN (7): gramnegative, aerobe Stäbchen und Kokken, die zu den Archaebakterien gehören; sie kommen z. B. in Salzseen und auf gesalzenen Lebensmitteln vor; bei geringer Sauerstoffkonzentration kann mit Hilfe des Bakterienrhodopsins in der sog. Purpurmembran eine besondere Form der ATP-Synthese mit Hilfe von Licht ablaufen

HALOPHYTEN (18): Pflanzen, die immer oder nur

zeitweise im Watt, auf Salzböden oder im Salzwasser gedeihen können; sie ertragen durch die Zusammensetzung ihres Zellsaftes entweder hohe Salzkonzentrationen, schränken die Salzaufnahme durch spezielle Ultrafilterprozesse ein oder scheiden aktiv Salz aus Drüsenzellen oder über abfallende Blätter aus; die Salztoleranz ist, da sie in systematisch weit entfernten Gruppen auftritt, polyphyletischen Ursprungs; Ggs.: Glykophyten

HERBIVORE (54): bez. vor allem Säugetiere (Ggs. Carnivore oder Omnivore), die Pflanzen- oder Krautfresser sind

HERBIZIDE (93): Pflanzen tötende Chemikalien; sie dienen der Unkrautbekämpfung

HETEROPHYLLIE (18): Vorkommen unterschiedlich gestalteter Blätter an der gleichen Pflanze; unterscheiden sich die Blätter nur in der Größe, so spricht man von Anisophyllie; Ggs.: Isophyllie

HETEROTROPHIE (4): die Heterotrophie stellt die Ernährungsweise der Tiere und Menschen, aber auch der Pilze und einiger Bakterien dar; sie sind auf organische Stoffe als Material für ihre Körpersubstanzen und ihren Energiestoffwechsel angewiesen; sie sind also von den autotrophen Organismen abhängig

HOMOIOHYDRE PFLANZEN (18): Gewächse mit gleichmäßig hohem, von der Umgebung weitgehend unabhängigen, inneren Wasserzustand; sie verfügen über ein leistungsfähiges Wurzelsystem und Abschlußgewebe und die Fähigkeit zur Wasserspeicherung und -leitung; diese besonderen strukturellen Einrichtungen haben es den höheren Pflanzen ermöglicht, das Land zu besiedeln; Ggs.: poikilohydre Pfl.

HOMOITHERM (24): gleichwarme Tiere (Vögel, Säuger); sie regulieren ihre Körpertemperatur unabhängig von der Umgebungstemperatur

HUMINSTOFFE (26): Anreicherung gelbbrauner bis schwarz gefärbter Verbindungen, die durch den Abbau und die Umwandlung tierischer und pflanzlicher Rückstände im Boden entstehen und schwer zersetzbar sind (Humine, Huminsäuren; Dauerhumus)

HUMUS (26): Gesamtheit der abgestorbenen, organischen Substanzen im Boden; sie entstehen beim Ab- und Umbau pflanzlicher und tierischer Überreste

HYDATHODEN (18): wasserabscheidende Drüsen bei Pflanzen; Gruppen kleiner, chlorophyllfreier Parenchym- oder Epidermiszellen an den Blattspitzen, den Zähnchen der Blattränder oder an den Enden der großen Blattadern unter besonderen Wasserspalten (= umgewandelte Spaltöffnungsapparate); dienen der Guttation

HYDROPHYTEN (18): Wasserpflanzen, deren Überdauerungsorgane im Wasser untergetaucht sind; oft stark reduziertes Wurzelsystem und großes, z. T. als Luftspeicher dienendes Interzellularsystem; es lassen sich Unterwasserpflanzen und amphibische Pflanzen unterscheiden

HYGROPHYTEN (18): Feuchtpflanzen; da diese Landpflanzen die Transpiration fördern müssen, besitzen sie vor allem große, dünne Blattspreiten mit zahlreichen Spaltöffnungen, die z. T. herausgehoben sind; bei manchen Blättern: Träufelspitzen und Fähigkeit zur Guttation

HYPERPARASIT (38): Befall eines Parasiten durch einen weiteren Schmarotzer (Sekundär- und Tertiärparasitismus möglich)

HYPOLIMNION (62): Tiefschicht im Wasser eines Sees; in der Stagnation liegt sie unterhalb der Sprungschicht und wird nicht von der Zirkulation erfaßt; Ggs.: Epilimnion

I/J

IMMISSION (71): Einwirkung schädigender, anthropogener Einflüsse wie z. B. Luftverunreinigungen, Lärm oder Erschütterungen auf die Organismen; hiervon ist die Emission (Entstehungsort und Abgabe dieser Einflüsse) zu unterscheiden

INSEKTIZIDE (90): chem. Substanzen, die Insekten abtöten; sie werden als Atem-, Fraß- oder Kontaktgifte in der Schädlingsbekämpfung eingesetzt

K

KLIMAX (64): verhältnismäßig stabiles, z. T. hypothetisches Endstadium der Sukzession in einem Ökosystem; die Vegetationsentwicklung führt zu einem Gleichgewicht mit den Umweltbedingungen

KOHÄSION (15): Zusammenhaften der Moleküle einer Substanz (z. B. Wasser) oder der Individuen eines Verbandes; Ggs.: Adhäsion (Anhaften eines Stoffes an einem anderen)

KONKURRENZ (46): Wettbewerb um Nahrungsquellen, Wohn- oder Nistmöglichkeiten bzw. andere ökologische Erfordernisse zwischen zwei Organismen oder Arten

KONKURRENZKREIS (46): Begriff aus der Kybernetik; beschreibt die Tatsache, daß zwei kausal verknüpfte Größen nur gegensinnig korreliert sind; dies führt zur Verdrängung bzw. dem Ausschluß einer der beiden Größen aus dem System

KONKURRENZ-AUSSCHLUSS-PRINZIP (47): nach GAUSE und VOLTERRA die Regel, daß zwei Arten, die sich in ihren Bedürfnissen zu ähnlich sind, nicht nebeneinander im gleichen Lebensraum existieren können; die eine, geringfügig konkurrenzüberlegene Art wird die andere verdrängen oder zum Aussterben bringen; in vielen Fällen ist dies in natürlichen Ökosystemen nicht gültig, da sich durch die ständig wechselnden Umweltbedingungen die Konkurrenzkraft der Arten ändert

KONSUMENTEN (54): alle tierischen Organismen und der Mensch sind Nutznießer der pflanzlichen Produktion; Primärkonsumenten sind alle Pflanzenfresser, die wiederum Nahrung für die fleischfressenden Tiere darstellen; dabei werden diese als Sekundär- oder Tertiärkonsumenten bezeichnet, je nachdem, ob sie überwiegend Herbivore oder Carnivore verzehren; viele Tierarten ordnen sich dabei ebenso wie der Mensch nicht nur einer Trophieebene zu

KYBERNETIK (44): vom gr. kybernetes = „Steuermann eines Schiffes, den Schiffsherrn oder übertragen dem Lenker eines Staates"; dem Wort nach also die „Steuerkunde" oder die „Wissenschaft vom Steuern"; befaßt sich mit der Informationsübertragung, Informationsverarbeitung und Regelungsvorgängen; vereinigt unterschiedliche Wissenschaftszweige; die biologische Kybernetik beschäftigt sich mit der Anwendung theoretischer Modelle auf biologische Vorgänge

L

LACTATGÄRUNG (6): der anaerobe Abbau der Glucose zu Milchsäure durch Mikroorganismen oder im Muskel (Milchsäuregärung); der Energiegewinn beträgt pro Mol Glucose 197 kJ (47 kcal); technische Ausnutzung bei der Haltbarmachung von Lebensmittel und Futter (Sauerkraut, Silofutter); spielt auch eine Rolle bei Einzellern und Würmern, die im Darm ihres Wirtes schmarotzen

LEBENSFORMTYPUS (41): Organisationstypen der Organismen, die an vergleichbare Bedingungen ihrer Umgebung angepaßt sind und diese in gleicher Weise nutzen (vgl. ökol. Nische); dies kann z. B. folgende Aspekte betreffen: Lebensweise, Fortbewegung, Nahrungserwerb, Morphologie, Entwicklungsform, best. Verhaltensweisen

LITORAL (62): Uferbereich in Gewässern; der noch vom Licht erreichte Bereich des Benthals bis zur Kompensationsgrenze

LOGISTISCHES WACHSTUM (52): die unter natürlichen Verhältnissen vorhandene Individuenzahl einer Population nähert sich nach anfänglich steilem Anstieg einem entsprechend den Umweltbedingungen gegebenen Sättigungswert (s-förmige, sog. logistische Wachstumskurve)

M

MAKROFAUNA (26): Größenklasse der Bodenorganismen, die Tiere von 2–20 mm umfaßt, z. B. Gliederfüßer (Spinnen, Tausendfüßer, Landasseln und Insekten) sowie Würmer und Schnecken dieser Größe

MANGROVENGÜRTEL (68): tropische, immergrüne Gehölzformation im Gezeitenbereich mit sandig-toniger Schlickablagerung; Stelzwurzeln, nach oben sprossende Atemwurzeln, langes Zusammenbleiben der Keimlinge mit der Mutterpflanze, schwimmfähige Früchte und Anpassungen an den hohen Salzgehalt sind Kennzeichen der dort lebenden Pflanzen; für die Tiere schieben sich drei Lebensbereiche übereinander (Weich- und Hartboden sowie Baumkronen)

MEGAFAUNA (26): Größenklasse der Bodenorganismen, die Tiere von mehr als 2 cm Größe umfaßt (Regenwürmer, große Schnecken und Gliederfüßer und ganz oder teilweise im Boden lebende Wirbeltiere wie z. B. Maulwürfe)

MELIORATION (16): Bodenverbesserung durch Düngung, Kalkung, Bewässerung oder ähnliche, die Fruchtbarkeit steigernde Maßnahmen

MEROZOITEN (40): bei den meisten Sporentierchen (z. B. Erreger der Malaria) vorkommende Generation, die durch Schizogonie gebildet wird

MESOFAUNA (26): Größenklasse der Bodenorganismen, die Tiere von 0,2–2 mm Größe umfaßt; hierher gehören größere Fadenwürmer, kleinere Gliederfüßer (Milben, Springschwänze) und Borstenwürmer sowie Bär- und Rädertierchen

MESOPHYTEN (18): Pflanzen wechselfeuchter oder winterkalter Standorte; gut durchlüfteter Boden ohne längere Austrocknungsperioden notwendig; stehen ökologisch zwischen Hygro- und Xerophyten; haben meist weiche Blätter und Spaltöffnungen auf der Unterseite; Wurzelsystem ist stark ausgebildet; z. T. Speicherorgane; krautige Pflanzen überdauern mit unterirdischen Organen

MESOPSAMMION (68): Gesamtheit der Organismen, die im Lückensystem des Sandes leben; besondere morphologische Anpassungen kommen in marinen Bereichen (siehe Watt) vor; für terrestrische Bereiche sind Colembolen und Milben typisch

METACERCARIE (39): die nach der Cercarie kommende Larve in der Entwicklung vieler Saugwürmer (sie ist die Infektionslarve der meisten Trematoden)

MIGRATION (47): Tierwanderungen, die ein vorübergehendes oder dauerhaftes Verlassen des Biotops darstellen

MIKROFAUNA (26): Größenklasse der Bodenorganismen, die Tiere von weniger als 0,2 mm Größe umfaßt; die Einzeller und Fadenwürmer halten sich vor allem in den wassergefüllten Bodenporen auf

MIMESE (37): Tarn- oder Schutztracht; bei Tieren vorkommende Nachahmung eines belebten oder unbelebten Objekts, das für den zu täuschenden Feind uninteressant ist

MIMIKRY (37): bei Formen der Batesschen Mimikry ahmt eine wehrlose, genießbare Art in Gestalt, Färbung oder Verhalten eine wehrhafte Art nach, die eine Warntracht besitzt; unter Müllerscher Mimikry versteht man die Tatsache, daß verschiedene ungenießbare Arten die gleichen Warnsignale senden; Angriffsmimikry liegt vor, wenn harmlose Tiere von Räubern nachgeahmt werden, die so ihre potentielle Beute täuschen (Locktracht)

MINERALISIERER (54): Destruenten, die organische Stoffe zu anorganischen abbauen; vor allem Bakterien und Pilze spielen im Mineralstoffkreislauf eine Rolle

MINIMUMGESETZ (30): nach LIEBIG (1840) begrenzt derjenige Ernährungsfaktor, der in der ungenügendsten Menge vorliegt, das Gedeihen einer Pflanze (spätere Formulierungen betreffen alle Organismen); Verallgemeinerung: Toleranzgesetz

MIRACIDUM (39): die aus dem Ei schlüpfende, mit dem Flimmerepithel bedeckte Larve der Saugwürmer; sie ist frei schwimmend und besitzt einfach gebaute Augen, Haftdrüsen, Bohrrüssel und Ausscheidungsorgane und entwickelt sich nach dem Eindringen in den 1. Zwischenwirt zu Sporocysten oder Redien

MORTALITÄT (48): Sterblichkeit; die Sterberate wird aus dem Verhältnis der Todesfälle zur Gesamtindividuenzahl innerhalb einer bestimmten Zeit berechnet

MUTUALISMUS (34): oft synonym zur Symbiose i. e. S. gebraucht; enge Beziehung zweier Organismen zum beiderseitigen Vorteil, wobei ein Partner nicht ohne den anderen leben kann (z. B. bestimmte Pilze und Algen, die die Flechten bilden)

N

NEKTON (62): Bez. für die größeren, im freien Wasserraum lebenden Organismen, die sich im Gegensatz zum Plankton aktiv bewegen können, d. h. ohne Behinderung durch die Wasserbewegung; im See gehören hierher nur die Fische, im Meer zählen außerdem die Kopffüßer, einige Krebse, Reptilien und Säuger dazu

NERITISCHE REGION (63): küstennaher Lebensbereich im Meer (Flachmeerbereich von 0–200 m Tiefe); umfaßt das über dem Litoral befindliche, freie Wasser, das im Ggs. zum ozeanischen Bereich durch die Nähe des Landes und vertikale Strömungen nährstoffreicher ist

NITRATBAKTERIEN (8): oxydieren das Nitrit (NO_2^-) zu Salpetersäure bzw. Nitrat (NO_3^-); mit dieser Nitrifizierung wird der bei der Zersetzung von Eiweißstoffen entstehende Ammoniak über die Nitrit- und Nitratbakterien wieder in eine von den Pflanzen verwertbare Form überführt

NITRITBAKTERIEN (8): oxidieren Ammoniak (NH_4^+) zu salpetriger Säure bzw. Nitrit (NO_2^-); diese Substanzen werden anschließend von den Nitratbakterien zu NO_3^- oxidiert (Nitrifizierung)

O

ÖKOLOGIE (3): Teilgebiet der Biologie; untersucht das Zusammenleben der Organismen untereinander und ihre Wechselbeziehungen mit der Umwelt

ÖKOLOGISCHE NISCHE (41): „Beruf" einer Art; je nach Autor unterschiedliche Gewichtung auf räumlichen, ernährungs- oder brutbiologischen Aspekten im Hinblick auf das „Wirkungsfeld" einer Art im Ökosystem; der Begriff beschreibt die Rolle oder die Stellung der betrachteten Art im Ökosystem oder auch Art und Weise, wie ein Organismus seine Umwelt nutzt und wie er sich in das Konkurrenzgefüge einpaßt

ÖKOLOGISCHE POTENZ (29): Toleranzbreite einer Art gegenüber einem oder mehreren Umweltfaktoren; die Reaktionsbreite wird durch Minimum und Maximum (Pessima) begrenzt und kann meist aus der Verbreitung der Art im Freiland ermittelt werden

ÖKOSYSTEM (52): Wirkungsgefüge der Lebewesen untereinander und zu ihrem, eine bestimmte Größe umfassenden Lebensraum; es ist das Zusammenspiel von Biozönose und Biotop und den abiotischen Umweltfaktoren; funktionelle Einheit; Beispiele: See, Wald, Wiese, Meer

OOCYSTE (40): Sonderform der Zygote parasitärer Einzeller; diese blasenartige Ausprägung mit fester Wandung findet man vor allem im Entwicklungsgang des Malariaerregers

OPTIMUM (30): im Gegensatz zum Pessimum (Minimum, Maximum) kennzeichnet das Optimum den günstigsten Bereich eines Umweltfaktors, so daß hier Aktivität, Fortpflanzung und Entwicklung einer Art am besten sind; Teil der Kurve, die die ökologische Potenz veranschaulicht

OSMOREGULATION (15): Fähigkeit vieler Tiere und des Menschen, trotz verschiedener innerer oder äußerer Bedingungen den Ionen- und Wasserhaushalt so zu regulieren, daß für die Art ein Überleben möglich ist; die Aufrechterhaltung des stabilen inneren Milieus erfordert meist aktive, energieverbrauchende Transportmechanismen in den Exkretionsorganen

P

PARABIOSEN (34): Zusammenleben zweier Organismen, die derart verwachsen sind, daß ein gemeinsamer Stoffwechsel vorhanden ist; unter natürlichen Bedingungen ist dies z. B. bei einem Tiefseefisch der Fall (Tiefseeangler), wo die geschlechtsreifen Männchen mit dem Weibchen verwachsen sind und über dessen Blutkreislauf ernährt werden; nach TISCHLER kann der Kontakt auch weniger eng sein (siehe z. B. Phoresie)

PARASITISMUS (38): als Parasiten bezeichnet man solche Organismen, die ihre Nahrung aus anderen Organismen beziehen, sich vorübergehend oder dauernd an oder in ihrem Wirt aufhalten und ihn durch die Abgabe ihrer Stoffwechselprodukte schädigen; in der Regel töten sie ihn nicht (sofort); insbesondere Endoparasiten zeigen extreme morphologische Anpassungen; „Parasitos" bezeichnete ursprünglich einen Helfer beim griech. Opfermahl, der die Speisen danach verzehren durfte

PARASITENKETTE (57): aus der Sicht der Nahrungsketten bezeichnet dies die Folge der Primär-, Sekundär- und Tertiärparasiten auf einem Wirt (z. B. Ratte – Floh – Pestbakterium – Bakteriophagen); neben dieser Interpretation als Hyperparasitismus wird diese Bezeichnung auch für die Parasitenfolge sich ablösender Parasitenarten auf verschiedenen Entwicklungsstadien des Wirtes benutzt

PARTHENOGENESE (38): Fortpflanzung durch unbefruchtete Keimzellen; „Jungfernzeugung"; diese Form der eingeschlechtlichen Fortpflanzung muß von der ungeschlechtlichen Vermehrung durch Knospung, Ableger oder Zerfallsteilung (z. B. Schizogonie der Parasiten) unterschieden werden; häufig machen die Eizellen keine Mitose durch, bleiben also diploid

PELAGIAL (62): die Freiwasserzone eines Gewässers; sie reicht von der Oberfläche bis zur größten Wassertiefe

PESSIMUM (30): der ungünstigste Bereich eines Umweltfaktors; je nach der ökologischen Potenz können diese Toleranzgrenzen (Minimum, Maximum) unterschiedlich weit vom Optimum entfernt sein

PESTIZIDE (93): giftige, chemische Verbindungen zur Bekämpfung von Organismen, die im Interesse des Menschen schädlich oder unerwünscht sind; diese Schädlingsbekämpfungs- und Pflanzenschutzmittel werden entsprechend den Zielgruppen unterteilt (z. B. Bakterizide, Insektizide)

PHORESIE (34): vorübergehende Transportvergesellschaftung, die für den transportierten Organismus förderlich ist und für den Transportwirt keine Auswirkungen hat; nach TISCHLER eine Form der Parabiosen

PHOSPHOLIPIDE (61): polare Lipide mit einer Phosphorsäureester-Gruppierung; am Membranaufbau beteiligt; da sie in unterschiedlichen Mengen in allen Organismen verbreitet sind, tragen sie auch zum Phosphatkreislauf bei

PHOTOMORPHOGENESE (19): lichtabhängige Steuerung der Entwicklung bei Pflanzen; innerhalb des genetisch vorgegebenen Rahmens können Formveränderungen der gesamten Pflanze entstehen (z. B. Etiolement); Rezeptorpigmente sind das Phytochromsystem, Flavine und Carotinoide; über eine Transduktionskette werden die Regelvorgänge der Proteinbiosynthese angesteuert

PHOTONASTIE (22): eine durch Intensitätsschwankungen des Lichts ausgelöste Bewegung von Pflanzenorganen, wobei die Bewegungsrichtung durch die Organstruktur und nicht durch den Reiz festgelegt ist (z. B. bei Blütenköpfchen vieler Korbblütler zu beobachten); siehe Nastie; Ggs.: Tropismus

PHOTOSYNTHESE (4): Umsetzung von Kohlendioxid und Wasser zu energiereichen Kohlenhydraten und Sauerstoff durch die Einwirkung von Sonnenlicht auf die grüne Pflanze; Bruttogleichung:

$$6 CO_2 + 12 H_2O \xrightarrow[Chlorophyll]{Licht} C_6H_{12}O_6 + 6 O_2 + 6 H_2O$$

PHOTOTROPISMUS (22): durch Licht induzierte Krümmungsbewegung der Pflanzen aufgrund von Wachstums- oder Turgorreaktionen an der gegenüberliegenden Seite; Sproßachsen zeigen meist eine Krümmung zum Licht hin (positiver Ph.); Wurzeln vom Licht weg (negativer Ph.); als Rezeptoren werden Flavine diskutiert, Carotine wirken möglicherweise als Schirmpigmente

PHYTOPLANKTON (52): aus pflanzlichen Kleinlebewesen bestehendes Plankton

PLANKTON (62): Sammelbegriff für die Kleinstorganismen, die sich schwebend oder schwimmend im freien Wasser halten, die sich aber nicht gegen die Wasserströmung, sondern höchstens vertikal aktiv bewegen können

PLANSTELLE (43): beschreibt die Stellung einer Art in der Nahrungskette (nach KÜHNELT, 1948) oder die Stellung einer Art als Angehörige eines bestimmten Lebensformtypus (siehe auch Stellenäquivalenz; ökologische Nische)

PLATTWÜRMER (42): Tierstamm, der die freilebenden Strudelwürmer (z. B. Planarien) sowie die parasitischen Saug- und Bandwürmer (z. B. Leberegel und Schweinebandwurm) umfaßt

PLEUSTON (62): Lebensgemeinschaft der an der Wasseroberfläche treibenden Organismen (z. B. aus Bakterien, Pilzen, Algen, Einzellern, Wasserläufern und Mückenlarven gebildet); die Organismen nutzen zum Festheften die Oberflächenspannung des Wassers aus

POIKILOHYDRE PFLANZEN (18): wechselfeuchte Pflanzen; der Wasserhaushalt ihrer Zellen wird weitgehend von der Feuchtigkeit ihrer Umgebung bestimmt, da keine verdunstungseinschränkenden Wandsubstanzen vorhanden sind; extreme Trockenheit kann meistens in einem Ruhezustand überdauert werden, da die Zellen häufig kleine oder keine Vakuolen besitzen; Algen, Pilze, Flechten, Moose und einige Landpflanzen gehören hierher; Ggs.: homoiohydre Pfl.

POIKILOTHERM (18): Bez. für wechselwarme Tiere; sie können ihre Körpertemperatur nur in engen Grenzen beeinflussen, so daß sie sehr stark von der Umgebungstemperatur abhängig sind; Ggs.: homoitherm

POLYMORPHISMUS (23): innerhalb einer Art können verschiedene Gestalt- oder Farbvariationen auftreten; diese morphologisch unterscheidbaren Formen sind genetisch bedingt (z. B. Farbvariationen bei Schmetterlingen oder die Kastenbildung der Termiten)

POPULATION (44): „Bevölkerung"; Gemeinschaft der Individuen einer Art, die sich untereinander geschlechtlich fortpflanzen können und die einen bestimmten, zusammenhängenden Lebensraum bewohnen

POPULATIONSDICHTE (47): Anzahl der Individuen einer Organismenart in einem bestimmten Raum (Besiedlungs-, Bevölkerungs- oder Individuendichte; Abundanz)

POPULATIONSGENETIK (49): Teil der Genetik, der sich mit den Vererbungsvorgängen in einer Population befaßt; es wird die Häufigkeit bestimmter Allele und die Änderung der Genfrequenz in der Population untersucht; sie hat daher auch Bedeutung für die Evolutionsforschung

POPULATIONSÖKOLOGIE (3): sie untersucht die Beziehungen von einer Population zu ihrer Umwelt und wird z. T. mit in die Synökologie einbezogen (Lehre von den Bevölkerungen, ihren Struktur- und Funktionsmerkmalen und ihrer Dynamik)

PRÄFERENDUM (30): Vorzugsbereich eines Organismus in einem Faktorengefälle, z. B. Ort der behaglichsten Temperatur für den Menschen oder Zone, in der die relative Luftfeuchtigkeit bzw. die Lichtverhältnisse zum besten Gedeihen der Pflanzen herrschen

PRODUZENTEN (52): Organismen, die organisches Material (Biomasse) aus anorganischem aufbauen; dazu sind außer chemo- und photoautotrophen Bakterien, Blaualgen und chloroplastenbesitzenden Einzellern nur die höheren Pflanzen in der Lage; von dieser Biomasse leben alle anderen Organismen eines Ökosystems; ist das System autark, so sind genügend Produzenten vorhanden, um den gesamten Energiebedarf zu decken (z. B. der vom Menschen unbeeinflußte Teich); wird vom Menschen organisches Material zugesetzt (z. B. Fischfutter aufgrund zu intensiver Teichwirtschaft), so handelt es sich um ein unvollständiges System

PROFUNDAL (62): Teil des Bodenbereichs des Süßwassers (Benthal); unterhalb der Kompensationsgrenze schließt es sich an das Litoral an und umfaßt die lichtarme bis lichtlose Zone, die frei von wurzelnden Pflanzen ist

PROKARYONTEN (59): Zellen ohne eigentlichen Zellkern; die Erbinformation ist nicht in Chromosomen lokalisiert

PURPURBAKTERIEN (8): phototrophe Bakterien, die durch Carotinoide purpur, selten durch Bakterienchlorophyll grünlich gefärbt sind; der Photosyntheseapparat ist auf eingestülpten Cytoplasmamembranen lokalisiert; alle Purpurbakterien sind in der Lage, einfache organische Verbindungen als Wasserstoffdonor und Kohlenstoffquelle zu nutzen

R

REDUZENTEN (52): oft synonym zu Destruenten verwendet für Bakterien, Pilze und z. T. auch saprophage Tiere, die organische Substanz abbauen und zu anorganischem Material reduzieren

REGELKREIS (46): ein Regelkreis gleicht Störungen aus und stellt ein stabiles Gleichgewicht ein; mögliche Darstellungen: Blockschaltbilder mit unterschiedlichen Schwerpunkten oder Pfeildiagramme

RGT-REGEL (11): Reaktionsgeschwindigkeit-Temperatur-Regel (van't Hoffsche Regel); damit wird die Beziehung zwischen der Temperaturerhöhung und der Zunahme der Reaktionsgeschwindigkeit für alle chemischen Umsetzungen beschrieben; dabei gilt die Faustregel, daß eine Temperaturerhöhung um 10° C eine Verdopplung der Reaktionsgeschwindigkeit bewirkt

S

SAISONDIMORPHISMUS (23): bei verschiedenen Tieren wird durch die periodisch wiederkehrenden Außenfaktoren eine jahreszeitlich unterschiedliche Ausprägung der Gestalt hervorgerufen; die aufeinanderfolgenden Generationen können sich in Form und Farbe unterscheiden (z. B. Frühjahrs- und Herbstgeneration beim Landkärtchen oder einigen Zikaden)

SALINITÄT (28): Maß für die im Wasser gelöste Salzmenge (umfaßt die Summe der verschiedenen Salze); der Salzgehalt zählt zu den abiotischen Faktoren, die erheblich zur Verbreitung der Arten beitragen, da nur wenige Organismen extrem hohe Salzkonzentrationen ertragen (z. B. Halophyten)

SALZPFLANZEN (18): siehe Halophyten

SAPROVORE (54): Saprophagen; Tiere, die sich von toter, organischer Substanz (Leichen, Exkrementen, Exkreten, Detritus) ernähren

SAUGSPANNUNG (11): ältere Bez. Saugkraft; Intensität des Wassersoges (gemessen in bar), den pflanzlichen Zellen oder der Boden entwickeln; hat die Pflanzenzelle einen hohen osmotischen Wert, so zieht die Vakuolenflüssigkeit über die semipermeable Membran so lange Wasser an, bis der osmotische Druck des Zellsaftes gleich dem Wanddruck ist; die Saugspannung ist dann gleich Null

SAUMBIOTOP (62): beim Abgrenzen zweier verschiedenartiger Lebensräume bildet sich meist ein schmales Biotop, das eine eigene, charakteristische Artenkombination besitzt (z. B. Ufervegetation zwischen Bach und Wiese oder Heckenformation am Waldrand)

SCHIZOGONIE (40): ungeschlechtliche Vermehrung bei manchen Sporentierchen (z. B. beim Malariaerreger zusätzlich zur Sporogonie), durch die zahlreiche Tochterindividuen (Schizonten oder Merozoiten) entstehen; mehrfacher Ablauf dieses Zyklus führt zur Überschwemmung des Wirtes mit Parasiten

SCHLICKWATT (28): Teil des Wattbodens, der durch besondere Sedimente gekennzeichnet ist; durch Ebbe und Flut lagern sich Ton, Schluff oder Feinsand vermischt mit organischen Anteilen und zerriebenen Kalkschalen ab; unter Luftabschluß bilden sich blauschwarze Eisensulfide

SCHWEFELBAKTERIEN (8): Bakterien, die reduzierte Schwefelverbindungen (z. B. H_2S) in ihrem Stoffwechsel verwenden; diese dienen als Elektronendonor und werden meist zu Sulfaten oxydiert (Chemosynthese); Bedeutung im Schwefelkreislauf, da der Schwefel durch die Sulfurizierung wieder den Pflanzen zur Verfügung gestellt wird

SCHWEFELBAKTERIEN/GRÜNE (8): im Gegensatz zu den Schwefelpurpurbakterien enthalten sie Bakterienchlorophyll c und d und oxidieren Schwefelwasserstoff und auch elementaren Schwefel zu Schwefelsäure; sie sind wie die Schwefelpurpurbakterien photolithotroph (siehe Ernährungstypen)

SCHWEFELFREIE PURPURBAKTERIEN (8): als Wasserstoffdonoren der bakteriellen Photosynthese dienen organische Substrate, als Energiequelle das Licht

SCHWEFELKREISLAUF (61): im Stoffkreislauf des Schwefels sind die wesentlichen Quellen das SO_2 der Luft (das bei der Verwendung fossiler Brennstoffe entsteht) und die Sulfate aus den Mineralien; Sulfate können von Pflanzen direkt zur Synthese organischer Verbindungen (z. B. schwefelhaltiger Aminosäuren) aufgenommen werden (Tiere sind auf die Aufnahme reduzierter organischer Schwefelverbindungen angewiesen); durch bakterielle Zersetzung entsteht H_2S, der über die Sulfurizierung wieder zu Sulfaten wird; Erhöhung des Schwefeldioxidgehaltes der Luft führt zur Bodenversauerung

SCHWEFELPURPURBAKTERIEN (8): hier werden die reduzierten Schwefelverbindungen als Wasserstoffdonor benutzt; Energiequelle ist das Licht (bakterielle Photosynthese); dabei kann in oder um die Zellen elementarer Schwefel abgelagert werden, der dann zu Schwefelsäure oxydiert wird; die Bakterien enthalten Bakterienchlorophyll a und b und Spirilloxanthin (Carotinoid)

SPOREN (38): i. a. ist dies die Bezeichnung für einzellige, ungeschlechtlich entstandene Fortpflanzungszellen meist niederer Pflanzen (z. B. beim Wurmfarn), die der Verbreitung dienen und in Sporangien gebildet werden; aber auch derbwandige Überdauerungszellen von Bakterien, Pilzen oder verschiedenen Einzellern werden als Sporen bezeichnet

SPOROCYSTE (39): Entwicklungsstadium der Saugwürmer, das aus der Wimpernlarve hervorgeht und zur parthenogenetischen Fortpflanzung fähig ist; es stellt einen wenig beweglichen, sackartigen Keimschlauch dar; Bez. gilt auch für das Entwicklungsstadium der Sporentierchen, das innerhalb der Sporogonie auftritt (enthält Sporozoiten)

SPOROZOITEN (40): Infektionsstadium der Sporentierchen; die sichelförmigen Zellen entstehen während der ungeschlechtlichen Vermehrung (z. B. im Malaria-Zyklus im Zwischenwirt); außer dieser Sporogonie gibt es die Gamogonie (geschlechtl. Fortpflanzung) und beim Malaria-Erreger die Schizogonie

STAGNATION (17): in einem Gewässer beschreibt dies die stabile Wasserschichtung unterschiedlich temperierter Wassermassen im Sommer und Winter; Ggs.: Zirkulation

STELLENÄQUIVALENZ (43): verschiedene Arten, die in der Regel dem gleichen Lebensformtypus angehören, nehmen in geographisch meist weit getrennten Ökosystemen die gleiche ökologische Planstelle oder ökologische Nische ein; stellenäquivalente Arten würden sich daher im gleichen Ökosystem ausschließen (Konkurrenzausschlußprinzip); Beispiele findet man u. a. beim Vergleich der Beuteltiere Australiens mit den Säugetieren anderer Kontinente

STENÖK (29): Bezeichnung für Organismen, die keine großen Schwankungen der Umweltfaktoren ertragen; sie sind an bestimmte abiotische Verhältnisse angepaßt und kommen daher nur in genau abgegrenzten Biotopen vor; Ggs.: euryök

SUBMERSE PFLANZE (18): eine ganz untergetaucht lebende Wasserpflanze (siehe Hygrophyten)

SUKKULENTE (18): saftreiche, meist kugel- oder säulenförmige Pflanzen, deren Verdunstungsoberfläche verringert ist und die in der günstigeren Jahreszeit Wasser im Stamm oder in den Blättern speichern; hierher gehören die Kakteen Amerikas und die Euphorbiaceen Afrikas

SUKZESSION (64): zeitliches Nacheinander verschiedener Organismengemeinschaften; durch die abiotischen Faktoren, den Ablauf der Jahreszeiten oder durch die Organismen selbst kann in so unterschiedlichen Biotopen wie einer Wiese oder z. B. auf einer Vulkaninsel, nach Überschwemmungen oder an totem Holz die Ablösung einer Organismengemeinschaft durch eine andere beobachtet werden

SYMBIOSE (34): Zusammenleben zweier, artverschiedener Organismen mit gegenseitigem Nutzen, meist im Zusammenhang mit der Ernährung, der Fortpflanzung oder dem Schutz vor Feinden; Ggs.: Parasitismus

SYNÖKOLOGIE (3): sie untersucht die Wechselbeziehungen zwischen allen Lebewesen eines Lebensraumes und ihrer Umwelt (Ökologie der Biozönosen und Ökosysteme)

T

TERRITORIUM (34): das Mindestwohngebiet eines Tieres, das gegen Artgenossen des gleichen Geschlechts verteidigt wird; seine Größe ist meist vom Nahrungsangebot abhängig; häufig hat es bei den territorialen Tieren während der Brutzeit eine besondere Bedeutung und regelt die Populationsdichte

TERRESTRISCH (53): auf dem Festland lebende Arten; die terrestrische Ökologie untersucht die Landorganismen und ihre Umweltbeziehungen

TRANSPIRATION (15): geregelte Wasserdampfabgabe an die Luft; bei Pflanzen geschieht dies über die Cuticula oder die Spaltöffnungen, bei Tieren über die Haut; schützt vor Überhitzung durch Bildung der Verdunstungskälte

TROCKENRASEN (28): Bezeichnung für die Vegetation auf flachgründigen, mageren Böden an trockenen Standorten (gehölzarme Rasen- und Halbstrauchformation); die Bestände lassen viel Licht auf den Boden dringen

TROPHIEEBENEN (52): voneinander abhängige Ernährungsgruppen, die durch den Energiefluß im Ökosystem verbunden sind

TROPISMUS (22): durch äußere Reize hervorgerufene Orientierungs- oder Einstellbewegung festgewachsener Pflanzen oder sessiler Tiere; die Krümmungsbewegungen sind dabei abhängig von der Richtung des auslösenden Reizes; ebenso wie bei den Taxien werden nach der Art des Reizes verschiedene Tropismen unterschieden (z. B. Phototropismus) und die Hinwendung als positiver, die Abwendung als negativer T. bezeichnet

TROPOPHYTEN (18): „wandlungsfähige Pflanzen"; entsprechend ihrer Anpassung an den

Wassergehalt ihres Standortes oder ihre Umgebungstemperatur wechseln sie ihr Aussehen (z. B. durch Laubfall, Reduktion auf Knollen usw.); vgl. auch Mesophyten

TUNDRA (55): in der arktischen Region der Landschaftstyp oberhalb der Baumgrenze, der durch Polsterpflanzen, Flechten und Heide- bzw. Moorbewuchs gekennzeichnet ist, eine kurze Vegetationszeit besitzt und Schneeböden oder Geröll als Untergrund aufweist

V

VOLLZIRKULATION (17): in einem See wird damit die vollständige Umwälzung des Wasserkörpers beschrieben; erfolgt i. a. im Frühjahr und im Herbst; sonst Teilzirkulation

VOLTERRA-GESETZE (36): Gesetze, die die Prinzipien der Populationsdynamik beschreiben (jedoch nur den stark vereinfachten Grenzfall abgeschlossener Systeme ohne Einwirkung von Umwelteinflüssen); das 1. Gesetz besagt, daß die Bevölkerungsdichte zweier Arten (Räuber–Beute oder Parasit–Wirt) periodisch schwankt; im 2. Gesetz wird festgestellt, daß die Mittelwerte der Populationsdichten trotzdem bei unveränderlichen Umweltbedingungen konstant bleiben; das 3. Gesetz beschäftigt sich mit der Tatsache, daß Räuber und Beute im Verhältnis zu ihrer Gesamtzahl gleichermaßen dezimiert werden – danach jedoch die Anzahl der Beutetiere schneller als die der Räuber steigt (Bedeutung bei Schädlingsbekämpfung!)

W

WASSERSTOFFBRÜCKENBINDUNG (14): eine nichtkovalente, schwache, chemische Bindung elektrostatischer Art, die zwischen den freien Elektronenpaaren der Sauerstoff- oder Stickstoffatome und den gebundenen Wasserstoffatomen aufgebaut wird; häufig dienen derartige Bindungen zum Aufbau von Sekundärstrukturen (z. B. DNS oder in Proteinen) oder zur Bildung von Enzym-Substrat-Komplexen

X/Y/Z

XEROPHYTEN (18): Trockenpflanzen; die an trockene Standorte angepaßte Anatomie zeigt häufig tiefreichende Wurzelsysteme mit hoher Saugspannung und kleine, harte Blätter mit verdickter Epidermis und Cuticula; bei Wassermangel werden die meist eingesenkten Spaltöffnungen sofort verschlossen

ZOOPLANKTON (52): tierische Organismen, die sich schwebend oder schwimmend halten und abhängig von der Wasserbewegung transportiert werden

LITERATURVERZEICHNIS
(weitere Angaben dazu im Lösungsheft)

1) Allgemeine wissenschaftliche Werke

REMANE, A., STORCH, V. & U. WELSCH: Kurzes Lehrbuch der Zoologie; Fischer, Stuttgart, 1985 (5. Aufl.)
SENGBUSCH, P. v.: Einführung in die allgemeine Biologie; Springer, Berlin, 1985 (3. Aufl.)
STARK, D., FIEDLER, K., HARTH, P. & J. RICHTER: Biologie; Verlag Chemie, Weinheim, 1981
STRASBURGER, E. et al.: Lehrbuch der Botanik; Fischer, Stuttgart, 1983 (32. Aufl.)

2) Kursübergreifende Schulbücher

FELS, G. et al.: Der Organismus; Klett, Stuttgart, 1976
MIRAM, W. et al.: Biologie heute S II; Schroedel, Hannover, 1981
KNODEL, H. & H. BAYRHUBER: Linder Biologie; Metzler, Stuttgart, 1983 (19. Aufl.)

3) Wissenschaftliche Bücher zur Ökologie

KALUSCHE, D.: Ökologie; Quelle & Meyer, Heidelberg, 1982
MOHR, H. & P. SCHOPFER: Lehrbuch der Pflanzenphysiologie; Springer, Berlin, 1978 (3. Aufl.)
MÜLLER, H. J.: Ökologie; G. Fischer (UTB), Stuttgart, 1984
REMMERT, H.: Ökologie; Springer, Berlin, 1984
STREIT, B.: Ökologie; Thieme, Stuttgart, 1980
TISCHLER, W.: Einführung in die Ökologie; G. Fischer, Stuttgart, 1984

4) Schulbücher zum Thema

ALTENKIRCH, W.: Ökologie; Diesterweg, Frankfurt, 1977
DEMMER, G. & M. THIES: Stoffwechsel; Westermann, Braunschweig, 1979
FELS, G.: Ökologie; Klett, Stuttgart, 1984
GRAF, H. U.: Ökologie; Westermann, Braunschweig, 1980
HAFNER, L. & E. PHILIPP: Ökologie; Schroedel, Hannover, 1986 (Neubearbeitung); 1. Aufl. 1978
KULL, U. & H. KNODEL: Ökologie und Umweltschutz; Metzler, Stuttgart, 1974/75
SCHUSTER, M.: Ökologie und Umweltschutz; bsv, München, 1977

Manzbuch Nr. 436 · Übungsheft Ökologie   Seite 85

Die bei den jeweiligen Aufgaben angegebenen römischen Ziffern weisen auf die Art der Aufgabe hin. I bedeutet überwiegend „Reproduktion", d. h. Wiedergabe von bekannten Sachverhalten; II beinhaltet „Reorganisation und Transfer", d. h. selbständige Auswahl bekannter Sachverhalte und das Übertragen auf neue, vergleichbare Fragestellungen; III umfaßt den Transfer auf schwierigere und komplexere Zusammenhänge sowie die selbständige Lösung eines neuen Problems.

Aufgabensammlung zum I. und II. Teil

Nr. 1	Begriffe	II

Die folgende Abbildung zeigt die Bestandteile der Umwelt des Weizens.

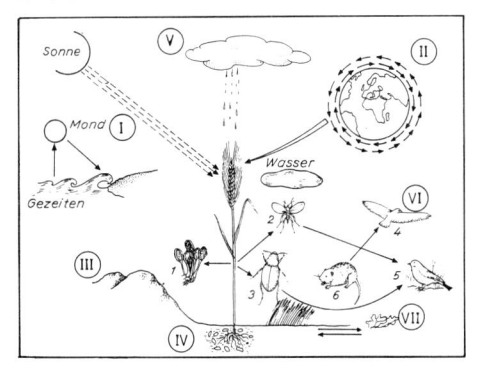

(nach STUGREN, 1986, p. 18)

a) Erläutern Sie anhand dieses Beispiels die folgenden Begriffe:
   biotische – abiotische Faktoren; Biotop – Biozönose – Biosphäre; Ökosystem; Autökologie – Demökologie – Synökologie.
b) Wie läßt sich das Beispiel entsprechend Abb. 1 (Seite 3) einordnen?
c) In der Abbildung sind 7 verschiedene Umweltfaktoren besonders hervorgehoben. Erläutern Sie diese!

Nr. 2	Photosynthese	II/III

Ergänzen Sie die folgende Zeichnung und beantworten Sie dann die nachstehenden Fragen:
a) Durch welche Substanzen werden die Elektronen in diesem System „transportiert"?
b) Welcher besondere Vorgang wird mit der „Photolyse" des Wassers beschrieben?
c) Gibt man zu isolierten Chloroplasten CO_2, ATP und $NADPH_2$, so kann im Dunkeln Zucker gebildet werden. Was beweist dieser Versuch?

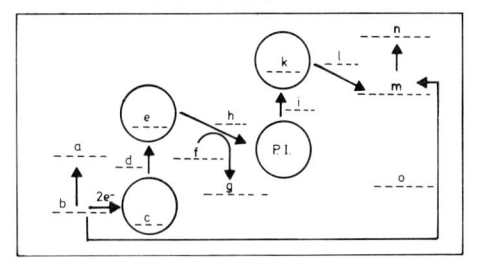

Nr. 3	Grünalgen	II

Eine Grünalge wird mit Sonnenlicht beleuchtet, das durch ein Prisma geleitet wird. In der Flüssigkeit befinden sich außerdem Bakterien, die sich bei Belichtung wie folgt anordnen:

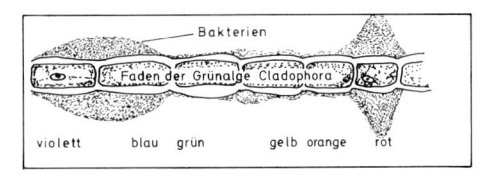

Erläutern Sie das Versuchsergebnis!

Nr. 4	Enzyme/Schwermetalle	II

Schwermetalle wie z. B. Blei zählen zu den umweltbelastenden Stoffen, die z. T. Wirkungen auf die Tätigkeit von Enzymen haben. An welchen Stellen könnten hier Angriffspunkte liegen?

| Nr. 5 | Hefeteig | II/III |

Brot- oder Kuchenteig wird mit Hefe versetzt und an einen warmen Ort gestellt; die Hefezellen verarbeiten Zucker und bilden dabei Kohlendioxid: der Teig „geht auf". Dieser Vorgang ist nicht zu erreichen, wenn man den Teig gleich in den geheizten Backofen stellt, und der Teig geht auch dann nicht auf, wenn man ihn in den Kühlschrank stellt.

a) Gären oder atmen die Hefezellen in diesem Versuch? Begründung?
b) Welche Besonderheit der Stoffwechselvorgänge wird mit diesem Versuch demonstriert?
c) Beschreiben Sie anhand der Hefezellen, welche zentrale Stellung die Brenztraubensäure im dissimilatorischen Stoffwechsel einnimmt!

| Nr. 6 | Spaltöffnungsweite | III |

a) Erläutern Sie, welchen Sachverhalt die beiden nachfolgenden Abbildungen darstellen!
b) Interpretieren Sie die Versuchsergebnisse!
c) Unter welchen Außenbedingungen wird das längerdauernde, vollständige Schließen der Spaltöffnungen erzwungen?

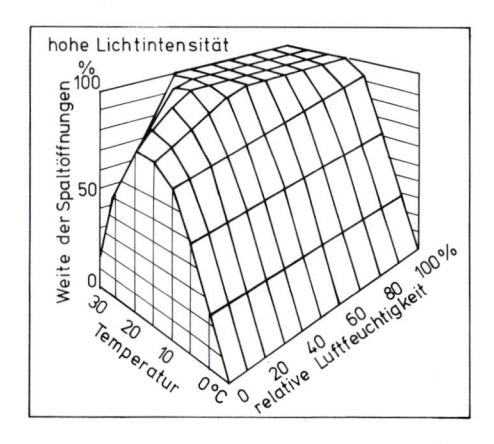

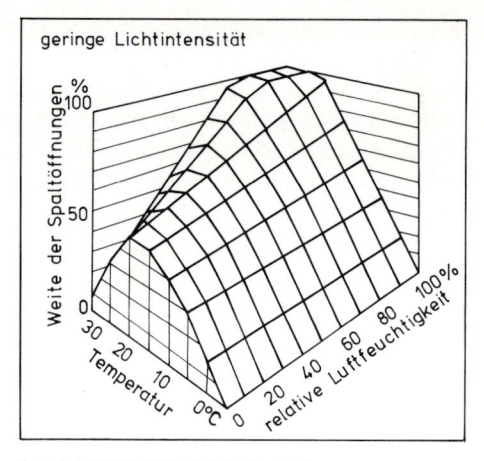

(nach LARCHER, 1973, P. 129)

Aufgabensammlung zum III. Teil

| Nr. 7 | Faktor Wasser | II/III |

Wassergehalt von Organismen
(Angaben in %; Werte nach FLINDT, 1985, S. 239)

Pflanzen		Tiere	
Algen	bis 98	Qualle	98
Gurke	bis 95	Schnecke	88
Wiesengräser	75	Frosch	77
Holz	50	Schwein	55

Mensch erwachsen 60

a) Ermitteln Sie aus der Tabelle, warum der Faktor Wasser für Pflanzen eine besondere Rolle spielt!
b) Im Blatt- und Wurzelaufbau kann man bei Pflanzen besondere Anpassungen an die Wasserverhältnisse finden. Erklären Sie in diesem Zusammenhang die Begriffe Hydro-, Hygro-, Tropo- und Xerophyten!
c) Im folgenden sind zwei Blattquerschnitte dargestellt. Beschriften Sie den Blattaufbau und erläutern Sie die Anpassungserscheinungen!

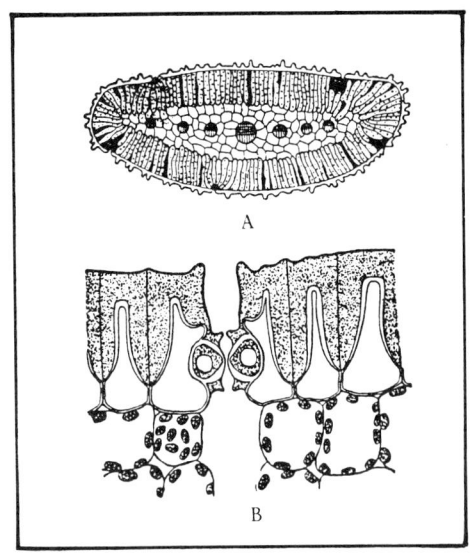

(aus STRASBURGER, 1983, p. 191)

| Nr. 8 | Wasserkreislauf | III |

Der in Abb. 9 (Seite 16) dargestellte Wasserkreislauf zeigt, daß das Meer durch seine Wasserverdunstung zur Regeneration des Wasserreservoirs beiträgt. Welche Unterschiede ergeben sich zwischen großen Landmassen mit weiter Entfernung zum Meer und z. B. Westschottland oder Island, wenn
– große Waldgebiete gerodet,
– zahlreiche Städte oder Straßen gebaut
– oder durch Flußbegradigungen und Kanalisation das Wasser schnell zum Meer geleitet wird?

| Nr. 9 | Wolfsmilchgewächse | II |

Wolfsmilchgewächse kommen zwischen den gemäßigten und tropischen Zonen vor. Die linke Abbildung zeigt die für unsere Breiten typische Art (Euphorbia helioscopia), die rechte die afrikanische Euphorbia mammilaris. Welche Rückschlüsse auf den Ablauf der Photosynthese, den Wasserhaushalt und den Standort dieser Pflanzen kann man aus dem äußeren Erscheinungsbild dieser nah verwandten Arten ziehen?

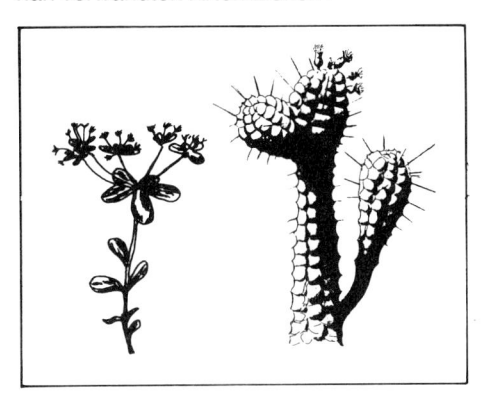

(nach OSCHE, 1977, p. 19)

| Nr. 10 | Zonierung/Höhleneingang | III |

Ein besonderes Biotop stellen Höhlen dar. Am Höhleneingang findet man ebenso wie in der Nähe von Leuchtstoffröhren eine charakteristische Zonierung bestimmter Pflanzen.

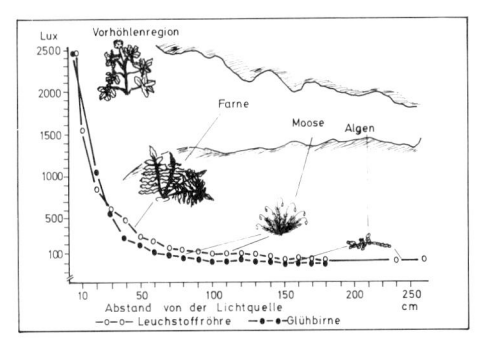

(nach WINKLER, 1980, p. 141)

a) Welche Ansprüche der verschiedenen Pflanzenarten lassen sich ablesen?
b) Welche Unterschiede gegenüber den natürlichen Beleuchtungsverhältnissen ergeben sich am Höhleneingang bzw. in der Nähe von Beleuchtungskörpern?

| Nr. 11 | Lichtverhältnisse im Wasser | III |

Die folgende Abb. A zeigt die qualitative Veränderung des Lichts im Wasser, Abb. B die Verteilung der Grün-, Braun- und Rotalgen in der Gezeitenzone des Atlantik.
a) Welche Folgen hat die Veränderung des Lichts für die Pflanzenzonierung in stehenden Gewässern?
b) Welche Besonderheiten liegen der in Abb. B dargestellten Zonierung zugrunde?
c) Außer dem Faktor Licht wirken im Gezeitenbereich auf die Algen noch weitere abiotische Faktoren. Welche Anpassungserscheinungen müssen die Algen demzufolge haben?

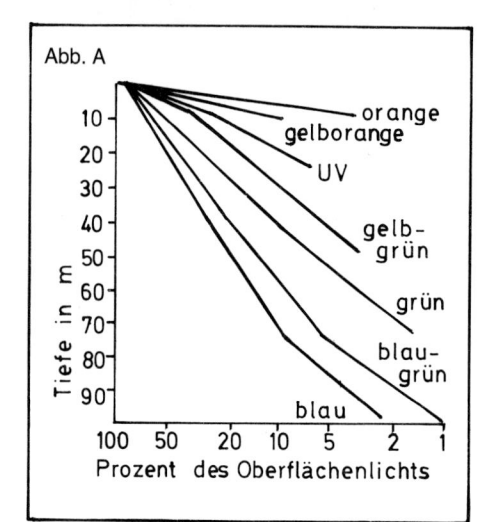

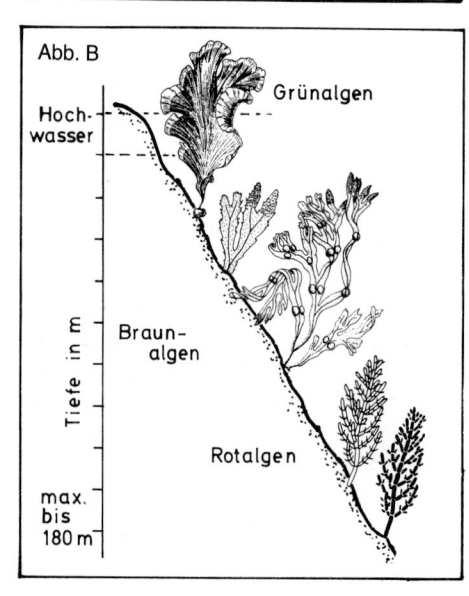

| Nr. 12 | Weizen/Temperatur | II |

In einer groß angelegten Untersuchung fand man folgende Abhängigkeiten der Hektarerträge des Sommerweizens von der durchschnittlichen Lufttemperatur:

°C	12	14	16	18	20	22	24	26	28
Zentner/ha		22	33	37	38	40	36	31	23	12

a) Stellen Sie die Werte graphisch dar und erläutern Sie das Zustandekommen dieses Versuchsergebnisses!
b) Wintergetreide kann zu jeder Jahreszeit künstlich zum Keimen gebracht werden. Welche „Versuchsbedingungen" sind dazu notwendig?
c) In der Tabelle läßt sich eine Ertragsminderung bei höheren Temperaturen erkennen. Welche Obergrenze existiert vermutlich bei höheren Pflanzen und warum?

Aufgabensammlung zum IV. Teil

| Nr. 13 | Ökologische Nische | II/III |

Beisp. A: Stare und Dohlen sind auf Baumhöhlen als Brutplätze angewiesen; für die Buchfinken desselben Waldes sind diese Höhlen ohne Bedeutung.
Beisp. B: Ein Mäusebussard nutzt einen Baum in seinem Biotop vor allem in der Wipfelregion (Brutplatz, Lauerwarte, Ruheplatz), während die Spechte denselben Baum im Bereich des Stammes als Nahrungsraum und Brutplatz verwenden.
Beisp. C: Die Darwinfinken der Galapagos-

Inseln sind – obwohl unmittelbar miteinander verwandt – z. T. Insektenfresser, z. T. Samenfresser bzw. bevorzugen Früchte und Blätter und haben z. T. spezielle Techniken zum Beuteerwerb entwickelt.
Beisp. D: Die Kolibris Südamerikas, die Nektarvögel Afrikas, die Honigfresser Australiens und manche Kleidervögel Hawaiis bilden den Lebensformtypus des Nektarsaugers.
a) Erläutern Sie anhand dieser Beispiele die Begriffe „ökologische Nische" und „Stellenäquivalenz"!
b) Welche Verhaltensformen bilden bei der Einnischung der genannten Arten eine besondere Rolle?
c) Wodurch wird die Koexistenz zahlreicher Arten in einem Lebensraum ermöglicht?
d) Angehörige derselben Art besetzen in der Regel dieselbe ökologische Nische; wie könnte hier eine den Artbestand gefährdende Konkurrenz vermieden werden?

Nr. 14	Parasitismus oder Symbiose?	II

Welche Beziehungen liegen jeweils vor?
a) Stechmücke – Mensch
b) Mensch – Bandwurm
c) Mensch – Darmbakterien
d) Mistel – Pappel
e) Elefant – Kuhreiher
f) Kuh – Einzeller im Pansen

Nr. 15	Putzerlippfische	III

Putzerfische haben sich darauf spezialisiert, die Parasiten größerer Fische abzulesen und z. T. sogar in deren bereitwillig aufgesperrten Rachen zu schwimmen, obwohl sie ihren „Kunden" ohne weiteres als Nahrung dienen könnten. Die Lippfische werden regelrecht aufgesucht und an ihrer Zeichnung bzw. ihrem Verhalten erkannt. Im folgenden sind der Putzerfisch und der räuberische Säbelzahnfisch (der statt zu putzen ganze Stücke aus den Flossen oder der Haut herausbeißt) dargestellt.

(Abb. zu Aufg. 15; nach MÜLLER, 1984, p. 238)

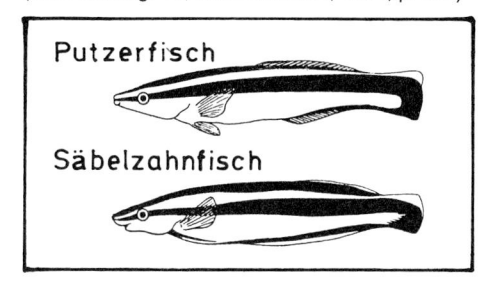

a) Erläutern Sie das vorliegende Beispiel sowohl aus ökologischer wie auch aus ethologischer Sicht!
b) Der Säbelzahnfisch ist viel seltener als der Lippfisch. Warum muß dies so sein?

Nr. 16	Bandwürmer	II/III

Rinder- und Schweinebandwurm sind weltweit verbreitet, besitzen am Kopf Saugnäpfe (der Schweinebandwurm zusätzlich einen Hakenkranz) und leben als geschlechtsreife Tiere im Darm von Wirbeltieren; jedes Bandwurmglied besitzt einen zwittrigen Geschlechtsapparat und durchläuft zuerst eine männliche, dann eine weibliche Geschlechtsreife. Noch im Darm des Menschen werden in den letzten Gliedern des Bandwurms die befruchteten Eier zu Embryonen, gelangen mit dem Kot auf Dunghaufen oder gedüngte Wiesen und werden vom Zwischenwirt aufgenommen. Die Hakenlarve bohrt sich dort in die Darmwand, gelangt mit dem Blut in Muskeln mit einer starken Nahrungszufuhr und wandelt sich zur Finne um. Über infiziertes Fleisch gelangen die Finnen in den Endwirt, stülpen den Kopf aus und beginnen am Hinterende mit der Differenzierung der einzelnen Glieder.
a) Erstellen Sie ein übersichtliches Schema zum Entwicklungszyklus der Bandwürmer!

b) Welche besonderen Anpassungserscheinungen an die parasitische Lebensweise sind bei diesen Endoparasiten zu beobachten?
c) Wodurch werden Wirt und Zwischenwirt geschädigt?

Nr. 17	Bilharziose	III

Die Saugwürmer der Gattung Schistosoma sind zwar getrenntgeschlechtlich, leben aber stets paarweise zusammen; das 8–15 mm lange Männchen beherbergt das wesentlich dünnere 3–5 mm lange Weibchen in einer Bauchfalte. Die Parasiten leben in den Venen der Harn- und Geschlechtsorgane, des Darms oder der Leber. Die hakenbewehrten Eier verursachen Entzündungsherde; sie können dann infolge des Geschwürs die umgebenden Wände durchbrechen und gelangen mit dem Harn in das Wasser. Dort entwickeln sich Miracidien, die in Schnecken eindringen und sich über Sporocysten vermehren. Von der Schnecke freigesetzte Cercarien durchdringen die Haut des Menschen und entwickeln sich in den Blutbahnen zu geschlechtsreifen Parasiten.
a) Erläutern Sie die genannten Larvenstadien und die Art des Fortpflanzungszyklus!
b) Welche Infektionsmöglichkeiten bestehen für den Menschen?
c) Könnte es bei diesem Entwicklungszyklus die Gefahr des Einschleppens nach Europa geben?

Nr. 18	Malaria	II/III

1945 trat in Südwest-Deutschland eine Malaria-Epidemie auf; der Sommer war extrem heiß mit konstanten Temperaturen über 25° C (über die Dauer von 3 Wochen).

a) Welche Voraussetzungen boten die hohen Temperaturen für den Entwicklungszyklus des Malariaerregers?
b) Welche weiteren Voraussetzungen mußten zum Ausbrechen dieser Epidemie noch gegeben sein?
c) In den Malariagebieten der Subtropen und Tropen wurden in den vergangenen Jahren hochwirksame Insektizide (DDT, Malathion) eingesetzt, die jedoch nur kurzfristig einen Erfolg zeigten. Ermitteln Sie die Gründe!
d) Welche weiteren Möglichkeiten könnte es in den echten Malariagebieten zur sinnvollen Bekämpfung geben?

Aufgabensammlung zum V. Teil

Nr. 19	Feldmaus/Umweltfaktoren	I

Die Feldmaus findet man bevorzugt an trockenen, sonnigen Stellen im Feld; schwere Ton- und leichte Sandböden besiedelt sie weniger gern. Biotope mit schwankendem Grundwasserstand werden gemieden. Kalte und schneereiche Winter sind für den Bestand der Population weniger gefährlich (besserer Schutz gegen die zahlreichen Feinde wie Greifvögel, Wiesel, Fuchs, Hund, Katze) als nasse Winter oder regenreiche Jahre. Dem steht eine hohe Vermehrungsfähigkeit (ein Paar kann in 3–6 Würfen pro Jahr etwa 30–50 eigene Nachkommen haben, die sich aber noch im selben Jahr selbst vermehren können) gegenüber.
a) Welche biotische und abiotische Faktoren beeinflussen die Populationsdichte?
b) Eine einzige Maus benötigt eine Fläche von 10m² für ihre Ernährung, welche Fläche würden die Mäuse am Ende des

Sommers (September) brauchen, wenn im März ein Pärchen „startet", das jeden Monat 4 Junge bekommt, die selbst nach einem Monat bereits wieder Nachkommen zur Welt bringen? (Annahme: je wieder 4 Junge und gleichverteilte Geschlechter) Erläutern Sie ihre Berechnungen!

| Nr. 20 | Feldmaus/Populationsdichte | II |

Günstige Umweltbedingungen können zu einer Massenvermehrung der Feldmaus führen. Verminderte Geburtenrate und erhöhte Sterberate sind dann ebenso zu beobachten wie Kannibalismus, Wanderungen und das vermehrte Auftreten von Seuchen.
a) Welche Faktoren tragen zum Anstieg der Bevölkerungsdichte bei?
b) Auf welchen physiologischen Mechanismen beruht die Wirkung der innerartlichen, dichteabhängigen Faktoren?
c) Warum sind Gradationen in artenarmen Systemen (Tundra, Steppe, Monokulturen) besonders stark?

| Nr. 21 | Feldmaus/Mäusebussard | II |

a) Die Hauptnahrung des Mäusebussards sind Feldmäuse. Erläutern Sie die Beziehung, die zwischen beiden Populationen entsprechend den VOLTERRAschen Gesetzen bestehen müßten!
b) In Jahren mit wenig Feldmäusen gibt es meist auch wenig Bussarde. Spricht dies für die uneingeschränkte Gültigkeit der VOLTERRA-Gesetze oder müßten im vorliegenden Beispiel Korrekturen vorgenommen werden?
c) Wie würden Sie die „gezielte Schädlingsbekämpfung" der Feldmäuse mit DDT-getränkten Ködern beurteilen?

| Nr. 22 | Alterspyramiden | II |

Im „Deutschen Reich" ergab sich um 1910 für die Altersstruktur der Bevölkerung eine Pyramide, um 1968 war für die BRD schon eher die Form einer zugespitzten Glocke festzustellen, und die Abb. 40 zeigt für die heutige Zusammensetzung die Urnenform.
a) Welche Schlußfolgerungen lassen sich aus diesen unterschiedlichen Alterspyramiden ziehen?
b) Welche Form hätte die Darstellung für Indien Anfang der 80er Jahre?

| Nr. 23 | Nachkommenzahl | II |

Die Blaumeise erbrütet zweimal im Jahr etwa 10 Junge; der Steinadler zieht in einer Brut pro Jahr meist nur einen einzigen Jungvogel auf; der Feldhase wirft bis zu 20 Junge pro Jahr; ein Rinderbandwurm erzeugt im Laufe seines Lebens etwa 1 Mio. Eier. Ermitteln Sie den Bezug dieser Fakten zum Thema Populationsdichte!

| Nr. 24 | Dingo | II |

Der Dingo (verwilderter Hund) rottet in Australien keines seiner Beutetiere aus; er gefährdet aber den Bestand des Beutelwolfes und des Beutelteufels, obwohl diese ihm im Kampf überlegen sind. Welche verschiedenartige Faktoren könnten zu diesem Sachverhalten führen?

| Nr. 25 | Räuber/Beute | II |

a) Ein Raubtier sei auf eine einzige Tierart spezialisiert. Kann der Räuber die Beute ausrotten?
b) Kann eine räuberisch lebende Tierart für ihre Beuteart auch von Nutzen sein?

Aufgabensammlung zum VI. Teil

| Nr. 26 | Nitrifikation | I/II |

Nitrat- und Nitritbakterien gewinnen die für sie lebensnotwendige Energie durch Chemosynthese.
a) Wie lautet jeweils die Summengleichung?
b) Wie kann man hieraus ableiten, daß die beiden Arten immer vergesellschaftet vorkommen?
c) Welche Bedeutung haben diese Bakterien im Stickstoffkreislauf?
d) Gibt es z. B. im Schwefelkreislauf vergleichbare Bakterien?

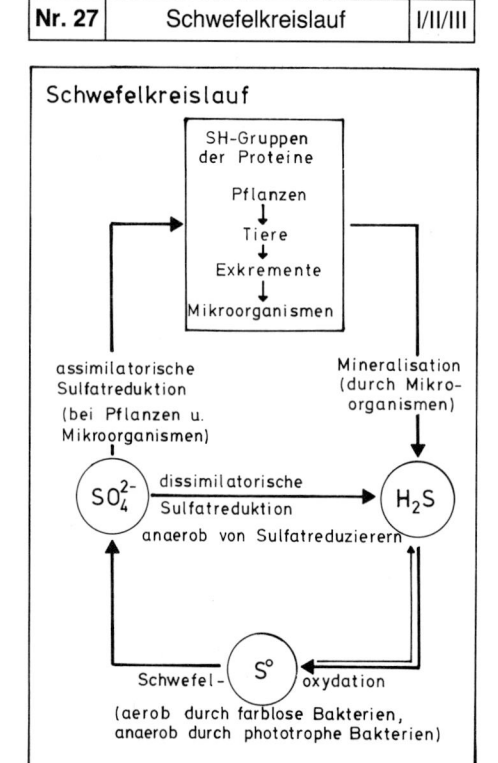

| Nr. 27 | Schwefelkreislauf | I/II/III |

Schwefelkreislauf

SH-Gruppen der Proteine
↓
Pflanzen
↓
Tiere
↓
Exkremente
↓
Mikroorganismen

assimilatorische Sulfatreduktion (bei Pflanzen u. Mikroorganismen)

Mineralisation (durch Mikroorganismen)

SO_4^{2-} — dissimilatorische Sulfatreduktion anaerob von Sulfatreduzierern → H_2S

Schwefel- $S°$ oxydation
(aerob durch farblose Bakterien, anaerob durch phototrophe Bakterien)

a) In welchen chemischen Grundbausteinen ist der Schwefel hauptsächlich in den Organismen enthalten?
b) Was beschreiben die Begriffe Sulfatreduktion und Schwefeloxidation?
c) Vergleichen Sie den Schwefelkreislauf mit dem Sauerstoff- oder Kohlenstoffkreislauf (Abb. 45)!

| Nr. 28 | Nahrungsnetz | III |

a) Erstellen Sie ein Nahrungsnetz mit folgenden Lebewesen:
Spinnen, Greifvögel, Schlangen, Fuchs, Kaninchen, Eichhörnchen, Mäuse, insektenfressende Vögel, Kröten, räuberische Insekten, körnerfressende Vögel, pflanzenfressende Insekten.
b) Ordnen Sie die Lebewesen nach funktionellen Gruppen. Welche wesentlichen Gruppen eines Ökosystems sind in diesem Beispiel nicht vertreten? (Ergänzen Sie das vorliegende Nahrungsnetz entsprechend.)
c) Wie läßt sich dann mit Hilfe des Nahrungsnetzes der Kreislauf des Kohlenstoffs oder des Stickstoffs verdeutlichen?

| Nr. 29 | Watt | II |

Der ständige Gezeitenwechsel bedingt für die Tiere und Pflanzen des Misch-, Sand- oder Schlickwatts (unter der Bedingung „Land unter" auch der Halligen) besondere Anpassungserscheinungen.
a) Erläutern Sie die biotischen und abiotischen Faktoren an dieser Küstenzone!
b) Queller und Sandpier sind charakteristische Arten. Informieren Sie sich über ihre Lebensweise! Welche Anpassungen zeigen sie?
c) Begründen Sie den zahlenmäßig großen Bestand verschiedener Vogelarten im Watt!
d) Welche dieser Vogelarten sind durch die Anreicherung von Giftstoffen in der Nahrungskette besonders bedroht?

| Nr. 30 | Ökologische Pyramiden | II/III |

Im folgenden ist die sog. „Biotop-Pyramide" dargestellt.

(Abb. aus KULL, 1974, p. 57)

a) Was läßt sich hieraus erkennen?
b) Wie läßt sich die vorliegende Pyramide aus den anderen ökologischen Pyramiden ableiten?
c) Aus der o. a. Pyramide kann man begründen, daß Gipfelcarnivore stets an mehrere Nahrungsnetze angeschlossen sein müssen. Erläutern Sie dies mit Bezug auf die Regelmechanismen zwischen Räuber und Beute.

| Nr. 31 | Schädlingsbekämpfung | III |

Die Monokulturen in Land- und Forstwirtschaft haben in zunehmendem Maße den Einsatz von „Schädlingsbekämpfungsmitteln" notwendig gemacht.
a) Warum werden vorher kaum auffallende Arten plötzlich zu „Schädlingen"?
b) Welche Wirkungen haben Insektizide, Fungizide, Herbizide und Nematozide?
c) Welche biologischen Verfahren zum Pflanzenschutz sind auch bei intensiver Nutzung denkbar?

Register

A
Allensche Regel 24, 25
Allesfresser 9
Alterspyramiden 50, 51, 91
anthropogene Faktoren 70
Antibiosen 34
Aspektfolge 67
Aufschaukelungskreis 46
autotroph 4
Autökologie 3, 85

B
Bakterienrhodopsin 7
Bandwürmer 89
Bergmannsche Regel 24, 25
Bilharziose 42, 90
Biomasse 58
Biosphäre 3, 85
Biotop 3, 31, 62, 70, 85
Biozönose 3, 31, 85
Blattquerschnitt 5, 17, 18
Blühinduktion 21
Boden 26, 28
Braunalgen 88
Brutfürsorge 33
Brutparasitismus 41
Brutpflege 33

C
C_4-Pflanzen 12, 13
CAM-Pflanzen 12, 13
Chemosynthese 7, 8
Chlorophyll 6, 8
Chloroplast 6

D
Demökologie 3, 85
Destruenten 52, 54, 63
Detritus 54, 63
Dichteanomalie 14
Dingo 91
Dissimilation 10
DDT 1, 90

E
Eisenbakterien 8
Elektronentransportkette 7
Energiefluß 58, 59

Enzyme 13, 85
euryök 29

F
Feldhase 31
Feldmaus 90
Feuchtlufttiere 15
Fleischfresser 9, 54
Fließgewässer 69
Flöhe 42

G
Gärung 9, 10
Generationswechsel 38
Glogersche Regel 24
Glukose 11
Glykolyse 10
Grundumsatz 24
Grünalgen 85, 88

H
Habitat 3
Halobakterien 7
heterotroph 4, 9
Holzzersetzung 55
Höhlen 87
Humus 26, 27, 55, 58

I
Isolation 49

K
Kälteresistenz 13
Klima 3, 17
Kohlenstoffkreislauf 60
Konkurrenzkreis 46
Konsumenten 52, 54
Kurztag 21, 22

L
Langtag 21, 22
Läuse 42
Leberegel 39
Licht 19, 88

M
Malaria 40, 42, 90
Mangrove 68

Milben 42
Mimikry 37
Mineralstoffe 12
Minimumgesetz 30

N
Nahrungskette 57
Nahrungsnetz 57, 63, 92
Nährschicht 62, 63
Nitrifikation 92
Nitritbakterien 8

O
Organismus 3
Osmoregulation 15
Ökologische Nische 41, 44, 88
Ökosystem 3

P
Parabiosen 34
Parasitenkette 57
Parasitismus 38, 89
Parasitoide 38
PCB 1
Pflanzenfresser 9, 54
Pflanzengesellschaften 28
Phosphatkreislauf 59, 61
Photomorphogenese 21
Photonastie 21
Photoperiodik 19
Photosynthese 4, 6, 8, 11, 12, 13, 19, 26, 85
Phototropismus 21
Phytoplankton 53
Planstelle 44
Population 3
Populationsdichte 47, 48
Populationsgenetik 49
Produzenten 52, 63
Protonenpumpe 7
Purpurbakterien 8
Putzerlippfisch 89
Pyramiden 58, 93

R
Regelkreis 45
Revierbildung 34

RGT-Regel 11
Rhythmik 22, 68
Ringelungsversuch 18
Rotalgen 88
Rübenblattlaus 23

S
Saisondimorphismus 22, 23
Samen 17
Sauerstoffkreislauf 60
Schattenblatt 19
Schädlingsbekämpfung 93
Schwefelbakterien 8
Schwefelkreislauf 92
Schwefelpurpurbakterien 8
See 17
Sonnenblatt 19
Spaltöffnungen 5, 86
Stechmücken 42
Stellenäquivalenz 44

Stengelquerschnitt 5
Stickstoffkreislauf 59, 61
Stockwerksbau 67
Stoffkreisläufe 59, 68
Strahlung 19, 20
Sukzession 64
Symbiosen 34, 66, 89
Synökologie 3, 85

T
Temperatur 22, 88
Territorialität 34
Tierstaaten 33
Transpiration 15
Trockenlufttiere 15

U/V/W
Überlebenskurven 50
Verbände 33
Vogelfelsen 43, 68

Vogelsterben 2
Volterra-Gesetze 36, 47
Wachstumskurve 51, 52
Wald 17, 64, 65, 66
Wanzen 42
Wasser 14, 18, 85
Wasserfrosch 2
Wasserkreislauf 16, 87
Watt 67, 68, 92
Winterstarre 2
Wirtswechsel 38
Wolfsmilchgewächse 87
Wüste 17

Z
Zecke 42
Zehrschicht 62, 63
Zellatmung 9, 10, 17
Zersetzerkette 57
Zonierung 29
Zwergspitzmaus 56